तेरी आँखों में रात डूबी है

हसरतों के चिराग़
(उर्दू अदब की ख़ुशबू)

ओशो नीलांचल

युवा शायर प्रमोद भट्ट (ओशो नीलांचल) का जन्म 23 नवम्बर 1967 को सागर (म.प्र.) में हुआ। मन्नू देवी और पिता रामशंकर की इस संतान ने बी-एस.सी, एम.ए. अंग्रेजी साहित्य से किया, उर्दू में डिप्लोमा प्राप्त किया है। वे ओशो के शिष्य और ध्यान सिखाने वाले आचार्य हैं। उनकी ग़ज़लें विभिन्न गायकों ने गायी हैं ओशो जगत में उनके कई गीत नृत्य करने पर मजबूर करते हैं उनके ग़ज़ल संग्रह 'वक़्त का दरिया' को 'अम्बिका प्रसाद दिव्य स्मृति पुरस्कार' मिला है। **ओशो तुम्हें सलाम** नाम से उनके समाधि गीत संकलन भी प्रकाशित हो चुका है। वे पश्चिम मध्य रेलवे में टिकट निरीक्षक भी हैं।

ओशो नीलांचल

तेरी आँखों में रात डूबी है

हसरतों के चिराग़

(उर्दू अदब की ख़ुशबू)

ग़ज़ल, नज़्म, क़त्आत

लोकभारती पेपरबैक्स

प्रथम पेपरबैक संस्करण : 2021

लोकभारती पेपरबैक्स : उत्कृष्ट साहित्य के लोकप्रिय संस्करण

लोकभारती प्रकाशन
पहली मंजिल, दरबारी बिल्डिंग, महात्मा गाँधी मार्ग,
प्रयागराज

वेबसाइट : www.lokbhartiprakashan.com
ईमेल : info@lokbhartiprakashan.com

शाखाएँ : 1-बी, नेताजी सुभाष मार्ग, दरियागंज, नई दिल्ली-110 002
अशोक राजपथ, साइंस कॉलेज के सामने, पटना-800 006 (बिहार)
36-ए, शेक्सपियर सरणी, कोलकाता-700 017

आस्था पेपर कन्वर्टर
प्रयागराज द्वारा मुद्रित

मूल्य : ₹ 160

TERI ANKHO MEIN RAAT DOOBI HAI
by Osho Nilanchal

ISBN : 978-81-8031-011-9

अनुक्रम

नज़्में

एक मो'तबर शाइर : ओशो नीलांचल

एक अलग तरह का रूहानी मिज़ाज रखनेवाले क़लमकार श्री प्रमोद भट्ट यानी ओशो नीलांचल को मैं पूरी तरह से एक मो तबर और ज़िम्मेदार शाइर के रूप में जानता और मानता हूँ। क्योंकि उनकी शाइरी, बराये शाइरी ही नहीं बल्कि शाइरी, बराये ज़िन्दगी के मक़सद को पहुँचने की प्रक्रिया से गुज़रती हुई महसूस होती है। जिसमें हमारे मआशरे के वे तमाम मंज़र अपने असली रूप में उभरकर सामने आते हैं जिनसे हमारी जीवन-स्थितियों की तस्वीर मुकम्मल होती है। और इस तस्वीर में हमें जीवन के सभी बदरंग और ख़ुशरंग बिखरे हुए दिखायी दे जाते हैं। उनकी ग़ज़लें और नज़्में रोमान और हक़ीक़त के ऐसे संगम पर खड़ा कर देती हैं जहाँ से हम ज़िन्दगी की असलियत, उसकी कड़वाहटों के साथ ही एक ख़ुशहाल दुनिया में भी विचरण करने लगते हैं।

ओशो नीलांचल की ग़ज़लों की भीनी-भीनी ख़ूशबू, पाठक के मन और मस्तिष्क को इसलिए भी अपने हिसार में ले लेती हैं कि उनके अनुभव और अनुभूतियाँ गहन होती हैं जो हमें जल्दी ही विश्वास में ले लेती हैं। इसका एक कारण यह भी है कि उनके बयान में एक ख़ास तरह का नयापन तो है ही लेकिन इसमें ग़ज़ल की पारम्परिक कहन का मिश्रण नया सौन्दर्य बोध जगा देता है।

उनकी फ़िक्र का दायरा काफ़ी विस्तृत है। इस दायरे में समाज, परिवार, राजनैतिक चरित्र के बदलते हुए रंग, टूटते-बिखरते रिश्ते, मूल्यों का पतन इत्यादि-इत्यादि के अतिरिक्त बेरोज़गारी तथा हर स्तर पर व्याप्त भ्रष्टाचार के प्रति क्षोभ के साथ बिगड़ते हुए पर्यावरण जैसी वैश्विक समस्या को लेकर वे काफ़ी चिन्तित दिखायी देते हैं। यह सब ऐसे विषय हैं जो उनके जागरूक एवं

ज़िम्मेदार नागरिक और एक अत्यन्त संवेदनशील शाइर के रूप में उनके साहित्यिक एवं सामाजिक सरोकारों का पता देते हैं।

इससे पूर्व श्री नीलांचल का एक ग़ज़ल संग्रह 'वक़्त का दरिया' सन् 2014 में लोक प्रकाशन गृह, दिल्ली से प्रकाशित हो चुका है। जिसने ग़ज़ल के चाहनेवालों में अपनी ख़ास पहचान भी बनायी है। श्री नीलांचल की ग़ज़लों, गीतों एवं नज़्मों का एक और संकलन ओशो तुम्हें सलाम मंज़रे-आम पर आ चुका है।

मैं ओशो के शिष्य के और भारतीय रेल के इस महत्त्वपूर्ण कवि-शाइर को इस ख़ूबसूरत कृति **तेरी आँखों में रात डूबी है** जिसमें ग़ज़लें, नज़्में एवं क़तआत (मुक्तक) संकलित हैं के प्रकाशन पर बधाई देते हुए उनके उत्तरोत्तर प्रभावी लेखन की कामना करता हूँ।

भोपाल, नवम्बर 2020 **-अनवारे-इस्लाम**

इल्तजा

बारहा दिल में आया कि अपनी शायरी के सारे पन्ने फाड़ दूँ मगर अल्लामा इक़बाल का शेर याद आया-

हज़ारों साल नरगिस अपनी बेनूरी पे रोती है
बड़ी मुश्किल से होता है चमन में दीदावर पैदा

माना के अदब को पसन्द करनेवाले कम हैं मगर हैं तो सही। जिस तरह फूलों पर सावन की घटा का, नदियों के पानी का, मिट्टी की मोहब्बत का भी बराबर का हक़ होता है उसी तरह मेरी शायरी पर मेरा ही नहीं मेरे तमाम अहबाब और उन सब ख़ूबसूरत चेहरे, हसीन गलियों, सुरमई शामों अहले-मोहब्बत, अहले-फ़न और उस्ताद की नज़र का भी बराबर का हक़ है, इसलिए फ़ैज़े-इलाही को सजदा करते हुए तमाम पन्ने मैंने जनाब **अनवारे-इस्लाम** साहब को सौंप दिये और **श्री कैलाश मेहरा** और संगम लाल जी साहब की ख़ूबसूरत डीपीटी सैटिंग के साथ **तेरी आँखों में रात डूबी है** की शक्ल में पुस्तक आपके हाथों में है।

मेरे उस्ताद अब्दुल गफ़्फ़ार रीवानी उस्ताद नातिक़ के शार्गिद थे। एक दिन मैं उनके घर गया तो घर का दरवाज़ा छोटा था अन्दर दाख़िल होते वक़्त आण्टी जी ने कहा-सर बचा के-मैंने कहा मेरे सर तो सलामत हैं सुन कर सर हँस पड़े बोले...

सर सलामत हैं तो तलवार की ऐसी तैसी

मैंने मिसरा लगाया देखिये-

जिस्म में जान है ग़द्दार की ऐसी तैसी,
सर सलामत है तो तलवार की ऐसी तैसी।
मौत के ख़ौफ़ से डरना नहीं सीखा हमने,

हम अकेले सही दो चार की ऐसी तैसी
इस पर महफ़िल में ठहाके गूँज उठे।

मैने मिसरा कहा-

ये ज़र्द प्यार का मौसम हसीन कैसे हो
तुम्हें हमारी वफ़ा पर यक़ीन कैसे हो

तो उस्ताद राज़ कानपुरी साहब ने फ़रमाया-आजकल तो तुम ख़ूब मिसरे लगाने लगे हो।

एक रात जब सागर में मुशायरा चल रहा था। बशीरबद्र, नज़र ऐटवी अशोक मिज़ाज और शोअरा हज़रात तशरीफ़ फ़रमा थे। एक लड़का बार-बार स्टेज पर आकर हाथ के इशारे से नाग जैसा फ़न बनाकर पूछ रहा था, डर भी रहा था कि आवाज़ माइक पर न जाये। मैने फुसफुसाकर पूछा क्या बात है। उसने कहा आप भी फ़नकार हो क्या? मैने कहा हाँ मैं छोटा-सा फ़नकार हूँ और बाक़ी सब बहुत बड़े फ़नकार हैं।

इसी मन से इन्सान ने ताजमहल बनवाया, अस्पताल बनवायी, मन्दिर बनवाये, इसी मन से बन्दूक बनायी, चाकू बनाये, एटम बम बनाया और हज़ारों ज़िन्दगियों को मौत के घाट उतार दिया। कला का जगत्, ये गीत, ये मूर्तिकला, चित्रकला, मन के अन्दर की विध्वंशकारी ऊर्जा को सृजन में बदल देती है अगर प्रेम के गीत न हों तो मोहब्बत रंग तो बिखेरेगी मगर कुछ फीका होगा। अगर गीत न बजे तो लगता नहीं कि राखी का त्योहार है। गीत न सुनायी दे तो लगता नहीं कि 26 जनवरी का त्योहार है, मन्दिर की प्रार्थनाएँ भी कुछ अधूरी रह जाती हैं। ये नज़्में ये गीत मन के सौन्दर्य को अभिव्यक्ति का आकाश देती हैं।

कवि, शायर, सन्त और वैज्ञानिक जगत के विकास में अनुपम योगदान करते हैं। सतगुरु ओशो आध्यात्मिक जगत के आइन्स्टीन हैं, जिनकी रोशनी से हज़ारों रूहों के चराग़ जल उठे। उनकी परम्परा के सन्त सतगुरु स्वामी शैलेन्द्र जी, सतगुरु माँ अमृत प्रिया जी हमारी रहनुमा हैं। सतगुरु स्वामी शैलेन्द्र जी के सम्बल ने मेरी आँखों में आकाश खोल दिया सतगुरु माँ अमृत प्रिया जी ने सदा हौसला अफ़ज़ाई की और मेरे मन के सूनेपन को ख़ुशबुओं से भर दिया। सतगुरु ओशो की नज़र मेरी रूह के आकाश के सितारों को रौशन करती रही।

आप सब जानते हैं कि गर्लफ्रेण्ड में कितनी कशिश होती है मगर मेरे जीवन में ऐसे बुज़ुर्ग चेहरे भी आये जिनमें हज़ार गर्लफ्रेण्डों से भी ज़्यादा कशिश थी। इन्हें जो देख ले वो दीवाना हो जाये, दुनिया भूल जाये। क्या ग़ज़ब अदा-ए-महबूबी, बला की ख़ूबसूरती कि बन्द आँखों से भी हमें दीवाना बना दें। मेरे उस्ताद अब्दुल गफ्फार को एक दिन मिठाई का डिब्बा लिये बिल्ली के पीछे दौड़ते मैंने देखा तो बोले मैं तो मिठाई खाता नहीं इसलिए बिल्ली को खिला रहा हूँ। देखो कितनी ख़ुश हो रही है और श्वेत वस्त्रों में दिव्यलोक के ऋषि की तरह दिखनेवाले प्रह्लाद अग्रवाल जी (राजकपूर, प्रदीप और फिल्म लेखन पर उनका महत्त्वपूर्ण कार्य है) जब ग़ज़ल पसन्द न आती तो कहते मूर्ख नालायक और पसन्द आती तो नाच उठते। मेरे मित्र उस्ताद आरिफ़ तनवीर हमेशा मस्त रहनेवाले, गाते रहनेवाले, कहते जब आमद होती है अल्लाह की तरफ़ से तो गाना हिट हो जाता है।

एक रोज़ बशीरबद्र साहब मेरे कार्यालय में आये तो अपनी पगड़ी और सनद छोड़ गये जो उन्हें मुशायरे में भेंट हुए थे। मैने फोन किया हुज़ूर आपका तख़्त और ताज मेरे पास रह गया। देखिये न मीरासें इस तरह भी मुन्तक़िल होती हैं तो उन्होंने फ़ोन पर ही ठहाका लगाया।

श्री प्रह्लाद जी ने मुझे सतना रेस्ट हाउस में श्री कमलेश्वर जी के साथ बिठाया। कहा कि आज दिनभर तुम्हें इनके साथ रहना है। कमलेश्वर जी अपनी यादों में डूबने के लिए पहले सिगरेट का कश लेते फिर अपने जीवन के मधुर संस्मरण सुनाते। मैने कहा-

वफ़ा की आग में सिगरेट-सा जल रहा हूँ,
मैं ग़म के साँचे में सूरत बदल रहा हूँ।
न मैं ज़मीं का रहा और न मैं आसमाँ का रहा,
हवा की लय पे धुँए-सा मचल रहा हूँ।

एक बार मैंने दीक्षित दिनकौरी जी से पूछा कि कभी कभार ग़ज़ल आगे ही नहीं बढ़ पाती। क्या किया जाय उन्होंने कहा ग़ज़ल का मिसरा पढ़ते रहो, गुनगुनाते रहो धीरे-धीरे वह मिसरा तुम्हें वहाँ ले जाता है, जहाँ अदृश्य जगत् से ग़ज़ल नज़रनवाज होती है और फिर वहाँ से और भी शेर आने लगते हैं।

एक रोज़ जब मैंने अपने भतीजे यश से पूछा कि तुम नदी में गये थे तैरना सीख गये तो उसने कहा हाँ। मुझे हैरत हुई वो तो महज़ पाँच साल का है। मैंने कहा कैसे तैरते हो तो उसने कहा अभी मैं नया-नया हूँ इसलिए सूखे में ही तैरता हूँ, जब पुराना हो जाऊँगा तो पानी में तैरूँगा। उम्मीद है आप सब

सूखे में नहीं तैरेंगे आप सब साहेबान को मेरी दावत है इन नज़्मों और ग़ज़लों की गहराई में डूबने का मज़ा लेने के लिए तो आइये **'तेरी आँखों में रात डूबी है'** पुस्तक की हसीन वादियों की सैर का ख़ूबसूरत आग़ाज़ करते हैं।

–ओशो नीलांचल

ग़ज़लें

दिल को एहसास का अम्बर बना दिया तुमने
एक पत्थर का मुक़द्दर बना दिया तुमने

हर तरफ़ उट्ठीं मुहब्बत की बेकराँ मौजें
चश्मे-साक़ी को समन्दर बना दिया तुमने

रूह को जिस्म का रंगीन पैरहन बख़्शा
और साँसों को मुअत्तर बना दिया तुमने

मेरे सोचों के मकाँ की गिरीं जो दीवारें
सारी दुनिया को मेरा घर बना दिया तुमने

अब नये दैरो-हरम की सजेंगीं मीनारें
इश्क़ बुनियाद का पत्थर बना दिया तुमने

एक ख़ाक़ा ही तो काग़ज पे मैंने खींचा था
हुस्ने-जज़्बात का पैकर बना दिया तुमने

इक नज़र डाल के नफ़रत के जलते जंगल को
इक मुहब्बत का समन्दर बनाया दिया तुमने

रूह का पैकरे-ख़ाकी से क्या तअल्लुक़ था
एक बेघर का नया घर बना दिया तुमने

पैकरे-ख़ाकी : मिट्टी की आकृति; चश्मे-साक़ी = शराब पिलाने वाले की आँख मिट्टी की आकृति; पैरहन = वस्त्र; मुअत्तर-सुगंधित

रूह-से-रूह मिलती जाये है
भीनी ख़ुशबू बिखरती जाये है

उफ़ ये आँखें हैं कि है मयख़ाना
हर तरफ़ मय छलकती जाये है

रौशनी के हसीन झरनों में
मेरी परछाईं घुलती जाये है

शहरे-दिल में कोई जलाता नहीं
ख़ुद-ब-ख़ुद शम्मा जलती जाये है

तेरी महफ़िल में रोज़ पी-पीकर
सारी बस्ती बिगड़ती जाये है

तू मेरा रब तेरी मुहब्बत में
मेरी दुनिया सँवरती जाये है

इश्क़ की आग मेरी हस्ती में
बन के शीशा पिघलती जाये है

मुझको जलवा दिखा दिया तुमने
अपना आशिक़ बना दिया तुमने

दिल परेशान था अँधेरों से
दिल को सूरज बना दिया तुमने

ख़ाक थे हम ज़मीं पे बिखरे थे
आस्माँ पर बिठा दिया तुमने

हम फ़क़ीरों से जोड़कर रिश्ता
हमको सुल्ताँ बना दिया तुमने

रौशनी शेर गुनगुनाती है
रंग महफ़िल में ला दिया तुमने

ये कुतुबख़ाना मेरे दिल का जला
नूर से जगमगा दिया तुमने

हैसियत क्या थी एक क़तरे की
इक समन्दर बना दिया तुमने

कुतुबख़ाना–पुस्तकालय

हर कोई बेक़रार तेरे लिये
दिल में अरमाँ हज़ार तेरे लिये

तू ख़ुदा है मेरी मुहब्बत का
मेरे सज्दे हज़ार तेरे लिये

तेरी गलियों में मर के देखेंगे
है दिलो-जाँ निसार तेरे लिये

बन के सौतन जलाये जाती है
सज के आयी बहार तेरे लिये

चाँद मुझसे सवाल करता है
कब तलक इंतेज़ार तेरे लिये

मेरे आँसू नहीं ये देख ज़रा
आया आँखों में प्यार तेरे लिये

शब=रात्रि

प्यार का वक़्त मिलेगा किस दिन
बंद दफ़्तर को करेगा किस दिन

कब तलक कश ये तेरे सिगरेट के
होंठ पर होंठ रखेगा किस दिन

थोड़ा फाइल से उठा ले चेहरा
मेरी धड़कन को पढ़ेगा किस दिन

तन्हा-तन्हा है सफ़र ख़्वाबों का
मेरा हमराह बनेगा किस दिन

जो अधूरा पड़ा है मुद्दत से
काम वो पूरा करेगा किस दिन

हमसे अब इन्तिज़ार होता नहीं
बात तू दिल की कहेगा किस दिन

इन्तहा सब्र की भी होती है
यार सीने से लगेगा किस दिन

दिल के दरया में शोर बरपा है
ग़म का तूफ़ान थमेगा किस दिन

दिल ने दरख़्वास्त जो लगाई है
दस्तख़त उसपे करेगा किस दिन

तमाम रात तेरा इन्तिज़ार करती रही
जिगर को चाक ये जानेबहार करती रही

क़रीब होके भी वो दूर-दूर रहता है
यही अदा तो मुझे बेक़रार करती रही

दयारे-इश्क़ में उसका मक़ाम है रौशन
जो हीर, मौत के दरया को पार करती रही

फिराके उगलियाँ जुल्फ़ों में मेरी तेरी तरह
हवा भी रात-भर मुझको दुलार करती रही

सबक़ तो इश्क़ का मिलता नहीं किताबों में
मगर ये काम तेरी रहगुज़ार करती रही

गिला नहीं है कि वो शख़्स बेवफ़ा निकला
वफ़ा हमारी मगर ऐतबार करती रही

जाने क्या बात थी हरजाई में
दिल तड़पता रहा तन्हाई में

पोंछना उफ़ वो पसीना उसका
सरसराती हुई पुरवाई में

मौज-दर-मौज उतरता जाये
कोई एहसास की गहराई में

सारा आराम फ़ना होता है
उस हरारत भरी अँगड़ाई में

नम हवा फूल बिछाती जाये
चाँदनी रात की अगुआई में

उसकी आवाज़ बुलाती क्यों है
दूर बजती हुई शहनाई में

बाद में हम भी बहुत पछताये
वो बुलाता रहा अमराई में

डूबी जाये है ये दिल की कश्ती
आज फिर हुस्न की रानाई में

क्या मज़ा बन्दगी से मिलता है
जब समन्दर नदी से मिलता है

ख़ार, फूलों में हो गये तब्दील
फ़ैज़ ये बेख़ुदी से मिलता है

मौत के इस घने अँधेरे का
कारवाँ रोशनी से मिलता है

मेरे अल्लाह तेरे घर का पता
इक फ़क़त आशिक़ी से मिलता है

तुम फ़कीरों को बादशाही दे
ताज तेरी गली से मिलता है

आप हँस दे तो फूल खिलते हैं
ये हुनर चाँदनी से मिलता है

यूँ तो ज़िन्दा हूँ तुझको खोकर भी
दिल मगर कम किसी से मिलता है

मेरे अँधेरे घर में दिया कौन रख गया
उम्मीद के नगर में दिया कौन रख गया

जंगल में राह शाम से ही सूझती न थी
सुनसान रास्तों में दिया कौन रख गया

आँगन में रौशनी है कोई दीखता नहीं
अम्मा के तुलसी घर में दिया कौन रख गया

पड़ती है जिस किसी पे तो होती है रौशनी
मेरी बुझी नज़र में दिया कौन रख गया

तहरीर आस्मानी उभरती है ख़ुद-ब-ख़ुद
दिल के किताब घर में दिया कौन रख गया

जाकर तो आस्माँ पे परिन्दे पता करें
तारों की रहगुज़र में दिया कौन रख गया

दरिया-ए-ज़िन्दगी की है लहरों पे नाचता
इस राहे-पुरख़तर में दिया कौन रख गया

मेरी जाँ जनाज़ा निकलने के पहले
गले से लगा लेना मरने के पहले

तुझे देख लूँ आ तुझे चूम लूँ मैं
लिबासे-बदन के उतरने से पहले

मुहब्बत की मौजों का दीदार कर ले
ये क़तरा समंदर में मिलने के पहले

बता नूर बन के कहाँ तू छुपा था
मेरी रूह की शम्मा जलने के पहले

ज़रा तुझको साँसों में महसूस कर लूँ
सनम ख़ुशबू बन के बिखरने के पहले

सँवरने लगे सामने आईने के
वो शीशा-ए-दिल में उतरने के पहले

इश्क़ किया लोगों ने माथा फोड़ दिया तो फोड़ दिया
दिल ने इक दिलदार से नाता जोड़ दिया तो जोड़ दिया

साहिल को पाने का सपना छोड़ दिया तो छोड़ दिया
लहरों की मरज़ी पर ख़ुद को छोड़ दिया तो छोड़ दिया

चाहे सारा घर लुट जाये, चाहे कोई चोर घुसे
हमने अपने घर का ताला तोड़ दिया तो तोड़ दिया

अब तेरी मरज़ी है हमको अमृत दे या विष दे दे
हमने तेरे नाम का जपना छोड़ दिया तो छोड़ दिया

साहिल से क्या हमको लेना, मैदानों से मतलब क्या
दरया ने अब रुख़ सागर को मोड़ दिया तो मोड़ दिया

मुझसे ये माला ये गुलदस्ते हटाकर रक्खो
फूल कुछ तो मेरी मैयत को बचाकर रक्खो

बाद मरने के नहीं साथ में जाता कुछ भी
दिल को अल्लाह की ख़ुशबू में डुबाकर रक्खो

दुःख से दुःख आता है, हँसने से हँसी आती है
इक हँसी फूल से ओठों पे सजाकर रक्खो

ख़ूबसूरत है वही शख़्स जो ख़ुश रहता है
ख़ूबसूरत सदा अपने को बनाकर रक्खो

मौत कर देगी किसी रोज़ रिटायर सबको
कुछ कमाई ज़रा उस दिन को बचाकर रक्खो

जब थक गया चल-चल के ठहर क्यूँ नहीं जाता
ये दरया समन्दर में उतर क्यूँ नहीं जाता

क्यूँ क़ैद बदन में है मेरी रूह का झोंका
अब तोड़ के ग़ुब्बारा बिखर क्यूँ नहीं जाता

क्यूँ पूरी तरह मरता नहीं लाश की मानिन्द
डूबा है तो लहरों पे उभर क्यूँ नहीं जाता

क्या देखता है चेहरे को हर आईने में तू
अब आईने में दिल के सँवर क्यूँ नहीं जाता

रातें जो बसर करता है फुटपाथ पे अपनी
उस शख़्स से पूछो कि वो घर क्यूँ नहीं जाता

ऐ दोस्त परेशाँ तू बड़ा ज़िन्दगी से है
जब जीना नहीं आता तो मर क्यूँ नहीं जाता

इज़्ज़त से गुज़रती नहीं जब ज़िन्दगी उसकी
कमबख़्त वो दुनिया से गुज़र क्यूँ नहीं जाता

सुनसान जंगलों में डगर भूल गया हूँ
कोई मुझको छोड़ आये मैं घर भूल गया हूँ

चारों तरफ़ मेरे कोई दीवार खड़ी है
गोया अँधेरी रात में दर भूल गया हूँ

जब से क़दम ये कूचा-ए-जानाँ में पड़े हैं
मैं अपना शहर अपनी डगर भूल गया हूँ

मंज़िल का होश है न है रस्ते की ख़बर कुछ
महवे-सफ़र हूँ अपना सफ़र भूल गया हूँ

अब हाथ को भी हाथ नहीं सूझ रहा है
ऐसा है अँधेरा कि सहर भूल गया हूँ

क़ैदे-कफ़स से हो गया आज़ाद परिन्दा
उड़ता हूँ आस्माँ पे सहर भूल गया हूँ

रूहो-बदन का भेद निगाहों में खुल गया
सर मेरा मिट गया कि मैं सर भूल गया हूँ

महवे-सफ़र : यात्रा में तल्लीन।

मोहब्बत के तराने लिखते रहना
ग़ज़ल मेरे बहाने लिखते रहना

मोहब्बत करनेवाले है जहाँ में
यक़ीं सबको दिलाने लिखते रहना

अँधेरों का ये लश्कर बढ़ चला है
दिलों को जगमगाने लिखते रहना

कभी आँखों को मीठे ख़्वाब देने
कभी नीदें चुराने लिखते रहना

न शोहरत और न दौलत की ख़ातिर
सुकूने-दिल को पाने लिखते रहना

उदासी से बचा लेते हैं सब को
ये नग़में गुनगुनाने लिखते रहना

समन्दर है बड़ा ख़ामोश दिल का
नई हलचल उठाने लिखते रहना।

कहाँ ज़मीं से कोई आस्मान मिलता है
तू जानता है तो क्यूँ मेरी जान मिलता है

परिन्दे सैकड़ों पिंजरे में क़ैद रहते हैं
कहाँ सभी को ख़ुला आस्मान मिलता है

ग़रीबी नाम ही ज़िल्लत की ज़िन्दगी का है
अमीरजादों को दुनिया का मान मिलता है

हटा दो पहरे निगहबानों को ख़बर कर दो
कभी-कभी तो मेरा मेहरबान मिलता है

हमारे गाँव की पगडण्डियों में मत उलझो
महल में शाहों के फूलों का लान मिलता है

हटा दो हँसके उदासी की धूल चेहरे से
हँसो कि हँसने से सारा जहान मिलता है

हरिक फूल का पत्ती का ख़याल रखता है
ख़ुदा के जैसा कहाँ बाग़वान मिलता है

जहाँ में इश्क़ से बढ़कर नहीं कोई दौलत
ये जो मिल जाये तो सारा जहान मिलता है

हमने सवाल रक्खा ये बादल के सामने
देगा सुकून क्या तेरे आँचल के सामने

शरमा रहा है चाँद भी चेहरे से नाज़नीन
फीकी है रात भी तेरे काजल के सामने

समझा रहे हैं इश्क़ न करने के फ़ायदे
करते हैं बात अक्ल की पागल के सामने

ले लेगी जान उनकी मसीहाई की अदा
ख़ंजर चला रहे हैं वो घायल के सामने

तूफ़ाँ मचाता शोर समन्दर में कुछ नहीं
मेरे दिलो-दिमाग़ की हलचल के सामने

कच्चे चबूतरे पे है चेलों की भीड़भाड़
बैठा है जोगी गाँव में पीपल के सामने

तन्हाइयों की झील में फिरते हैं तैरते
साये तुम्हारी याद के जंगल के सामने

हमको भी मीरे-कारवाँ कर कुछ रसद अता
मैंदाँ में घुड़सवार हैं पैदल के सामने

रसद = युद्ध सामग्री

आपकी ज़ुल्फ़ों के रंगी शामियाने के सिवा
अब सुकूँ मिलता नहीं है इस ठिकाने के सिवा

इन हँसी आँखों के साग़र का भला है काम क्या
एक प्यासी रूह को पानी पिलाने के सिवा

वो परी जागे-न-जागे बिस्तरे-गुलपोश पर
सर्द झोंका क्या करे पर्दे हिलाने के सिवा

मुझको क्या जन्नत की ख़्वाहिश क्या बसारत की तलब
इक तेरी सरकार में सर को झुकाने के सिवा

वाईसे-तस्कीने-दिल कोई अदा आती नहीं
आपको आता है क्या दिल को दुखाने के सिवा

जगमगा देते हैं आशिक़ रास्ता महबूब का
रौशनी कर रौशनी अब दिल जलाने के सिवा

नफ़रतों के शोले भड़केंगे तो फिर करना है क्या
प्यार के गहरे समन्दर में बुझाने के सिवा

बसारत = दिव्यदृष्टि, बिस्तरे = गुलपोश-फूलों से ढका बिस्तर
साग़र-शराब का प्याला
बाईसे-तस्कीने-दिल= हृदय को चैन देने वाली

तेरी नज़र से दीप चमकते हैं रूह में
सौ रौशनी के साज़ खनकते हैं रूह में

ऐ पँछी उड़ के जा तेरी परवाज़ के लिए
दरवाज़े आसमान के खुलते हैं रूह में

हम सोचते है आ गया है शहर यार का
जुगनू हसीन जब भी चमकते हैं रूह में

जाने-बहार फिर तेरे क़दमों की आहटें
पल में हज़ारों साज़ खनकते हैं रूह में

देखो तो हर तरफ़ है ये रब की निशानियाँ
गुल रौशनी के हर सू महकते हैं रूह में

अहसास तवानाई का रूहानी यूँ लगे
जैसे कि सौ गुलाब फिसलते है रूह में

तवानाई = उर्जा।

तुम्हारा ही निमन्त्रण है मेरे अश्कों के धारों में
करम कर दो तुम आकर मेरे दिल की रहगुज़ारों में

हज़ारों राहबर गुज़रे हज़ारों रहनुमा गुज़रे
रखोगे हमको कब तक इन अँधेरी रहगुज़ारों में

सजीली रहगुज़र में यूँ तो हर मंज़र सजीला है
पसन्द आये हो हमको आप ही लाखों हज़ारों में

समन्दर ख़ुद उतर आया है इक दरया के सीने में
समन्दर ही नज़र आता है दरिया के किनारों में

मोहब्बत की लहर ही ज़िन्दगी बनकर उभर आई
कली में फूल में पत्ती में गुलशन में बहारों में

हुई बरसात तो फिर आ गये मौसम बहारों के
चलो हम भीग लें मस्ती भरी ठण्डी फुहारों में

सजन के द्वार पर दुल्हन की डोली जल्द पहुँचेगी
उमंगें ही उमंगें हैं मेरे दिल के क़हारों में

अब जहाजे-सकूँ का बादबान टूट गया
आयेगा रूह का साहिल गुमान टूट गया

शिद्दते-दर्द ने होशो हवास छीन लिये
फिर हिरासत में कोई सख़्तजान टूट गया

नामुआफ़िक मेरे हालात का ये आलम था
शेर आया था कि मेरा मचान टूट गया

संगमरमर की हवेली नज़र नवाज़ हुई
और मुफ़लिस का पुराना मकान टूट गया

गिरवी खेतों में महाजन का सूद पकने लगा
फ़स्ल को देख के बेबस किसान टूट गया

जिसके साये में रखा घोंसला था चिड़ियों ने
अब इमारत का वहीं सायबान टूट गया

इक बड़े घर की वो बेटी थी जिसके आने से
टुकड़ों-टुकड़ों में मेरा ख़ानदान टूट गया

बादबान=नाव का पाल, नामुआफ़िक=प्रतिकूल
जहाजे-सकूँ= शान्ति का जहाज फ़त्ह-विजय

ख़्वाब ऐसे न दिखाओ जो हक़ीक़त न बने
तुमसे हर रोज़ मुलाक़ात की आदत न बने

रोज़ बारूद में रखता है कोई चिंगारी
रोज़ की छेड़ किसी रोज़ मुसीबत न बने

चुप वो महफ़िल में मेरी जान लिये बैठा है
ऐसे मासूम से करते हुए नफ़रत न बने

लाख नज़रें न मिलाऊँ न उससे बात करूँ
अब छुपाते हुए जज़्बात की शिद्दत न बने

मोम तो, आग में साँसों की पिघल जाएगी
मेरा अंजाम तेरे तन की हरारत न बने

हो जुदा यार तो होता है क़यामत का गुमाँ
जान लेवा कहीं ये प्यार की फ़ितरत न बने

एक सुर्ख़ ख़ंजर लिये पीछे है हुजूमे-क़ातिल
शहरे-जानाँ से मगर होते भी रुख़्सत न बने

हमारी ज़िन्दगी की सुब्ह को भी शाम कर देगी
तुम्हारी बेक़रारी तो हमें बदनाम कर देगी

मेरे बारे में ऐ मेरे मसीहा क्यूँ परेशाँ है
ज़रा-सी ज़हर की इक बूँद सारा काम कर देगी

ग़ज़ल का एक मिसरा मुझको अक्सर याद आता है
अमीरों से मुहब्बत एक दिन गुमनाम कर देगी

अगर महकेगा कोई फूल गुल्शन में मुहब्बत के
रवाना ख़ुशबू ख़ुद ही हर कहीं पैग़ाम कर देगी

हटा देना ये लश्कर नफ़रतों के दिल की राहों से
वगर्ना भीड़ सारे रास्तों को जाम कर देगी

तेरी यादों के धारे ले चले हैं
नये माँझी शिकारे ले चले है

हमें दुनिया के अनजाने सफ़र पर
ग़ज़ल के ये इशारे ले चले हैं

जहाँ बारूद का है कारख़ाना
वहीं झोंके शरारे ले चले हैं

मेरे हाथों से अपने ख़त छुड़ाकर
मेरे ग़म के सहारे ले चले हैं

वहाँ अल्लाह ही अल्लाह होगा
जहाँ क़ुआँ के पारे ले चले हैं

खड़े हैं हम तो दिल के हाथों बेबस
निगाहों को नज़ारे ले चले हैं

तेरी बाँहों में एहसासों के माँझी
सफ़ीने को किनारे ले चले है

कालोनियों के तंग मकानों में क़ैद है
अब शहर छोटे-छोटे से ख़ानों में क़ैद है

पैरों में सबके पड़ गयीं सोने की बेड़ियाँ
दफ़्तर में है तो कोई दुकानों में क़ैद है

सारी उमंगे खा गयी है फ़िक्रे-रोज़गार
लगता है कोई बूढ़ा जवानों में क़ैद है

आज़ाद इस वतन की फ़िज़ा रखने के लिए
इक फ़ौज खन्दकों में, ठिकानों में क़ैद है

तदवीर आसमाँ ही रिहाई की कुछ करे
दस्ता मुसाफ़िरों का विमानों में क़ैद है

हर पल उतर रही है मेरे जिस्मो-जान में
शाइर की प्यासी रूह तरानों में क़ैद है

जंगल जला दिये गये सब शाही हुक्म से
बानो-ए-गुल तो शहर के लानों में क़ैद

बानो-ए-गुल=गुलाबों की रानी

थोड़ी-सी अक़्ल से इसे बाहर निकाल लो
हर इल्म ज़िन्दगी के तरानों में क़ैद है

करती है इन्तज़ार रिहाई का हर घड़ी
भटकी हुई ये नस्ल जो थानों में क़ैद है

चारों तरफ़ से घेरे है जंगल के जानवर
लश्कर शिकारियों का मचानों में क़ैद है

सिमसिम को खोलने का हुनर भूला ये जहाँ
सदियों से आलीबाबा ख़ज़ानों में क़ैद है

ऊपर ज़मीन पर बसी बदहाल बस्तियाँ
सोना ज़मीं के नीचे खदानों में क़ैद है

तन की दीवार के पीछे छुपा है
नूर मीनार के पीछे छुपा है

ये अँधेरा उसी का हिस्सा है
वो ही अनवार के पीछे छुपा है

आस्मानों में नहीं है ख़ुदा का
रास्ता प्यार के पीछे छुपा है

शाहकारों में हुआ है नुमायाँ
फ़न जो फ़नकार के पीछे छुपा है

किसने बाँधे हैं पाँवों में घुँघरू
राज़ झन्कार के पीछे छुपा है

कू-ब-कू ढूँढते फिरते हो नाहक़
हक़ तो हक़दार के पीछे छुपा है

कू-ब-कू = गली-गली

होठों पे इक सवाल है गर्मी की धूप में
जीना हुआ मुहाल है गर्मी की धूप में

सुनसान रास्तों में जहाँ तक नज़र उठे
उड़ता हुआ गुलाल है गर्मी की धूप में

बैठा के चार लोगों को रिक्शे को खींचना
किस शख़्स की मज़ाल है गर्मी की धूप में

अच्छा हुआ कि लू की इनायत नहीं हुई
महफ़ूज़ बाल-बाल है गर्मी की धूप में

खोला है कोल्ड ड्रिंक्स का जिसने भी सेण्टर
वो शख़्स मालामाल है गर्मी की धूप में

कमरे में चैन आयेगा बच्चों को किस तरह
फिर बन्द बॉलीबाल है गर्मी की धूप में

सैलानियों की झूमती रंगीन कश्तियाँ
आबाद नैनीताल है गर्मी की धूप में

मेरे सीने में उतरे तीर खींचे
कोई ज़ख़्मों से मेरी पीर खींचे

अनलहक़ क्या ज़बाँ पर आ गया है
खड़े हैं लोग फिर शमशीर खींचे

सुकूने-दिल का सामाँ हो गया क्या
मुझे फिर यार की तस्वीर खींचे

चले आओ-चले आओ कन्हैया
दुःशासन द्रौपदी का चीर खींचे

उतरते ग़ैब से हैं रंग दिल पर
सुख़न के नक़्श जब भी मीर खींचे

जहाँ को जो चराग़ाँ कर रही हैं
फ़लक पर हमको वो तन्वीर खींचे

पतंगों को उड़ा दो आस्माँ पर
चली जायें जहाँ तक़्दीर खींचे

अनलहक़= मैं सत्य हूँ
ग़ैब= अदृश्य
शमशीर=तलवार

साथ चलने की, ठहरने की ज़िम्मेदारी है
मुझपे इस जिस्म में रहने की ज़िम्मेदारी है

मुझपे इस मुल्क में रहने की ज़िम्मेदारी है
इसकी तस्वीर बदलने की ज़िम्मेदारी है

अम्न के महल का नक़्शा बनानेवालों पर
इसकी बुनियाद भी रखने की ज़िम्मेदारी है

दिल को मालूम है कहना नहीं पड़ता कुछ भी
देखकर उनको धड़कने की ज़िम्मेदारी है

फूल चुनते हैं सभी रंग अपनी मर्ज़ी से
इनपे ख़ुद आप सँवरने की ज़िम्मेदारी है

ऐ हवा ऐसे ठहरने से कुछ नहीं होगा
तुझपे ख़ुशबू से महकने की ज़िम्मेदारी है

मौज क्या दिल में समन्दर के भी उठती होगी
बूँद में जिसकी उतरने की ज़िम्मेदारी है

धार पर तो कई तलवार की चलते होंगे
मेरे क़दमों पे थिरकने की ज़िम्मेदारी है

हिज्र की रात में बिस्तर पे हर इक आशिक़ की
रात भर पहलू बदलने की ज़िम्मेदारी है

सारे जहाँ के जोड़ता है तार तू ही तू
मालिक चला रहा है ये संसार तू ही तू

नदियों में बादलों में हवाओं में हर तरफ़
छेड़े है कायनात का मल्हार तू ही तू

हैरत नहीं कि तैरती हैं इनपे कश्तियाँ
कश्ती चलाता तू ही है मँझधार तू ही तू

दीदारे-हक़ को अहले-नज़र भी तो चाहिए
है चश्मे-दीद जल्वा-ए-अनवार तू ही तू

रहमत का मर्तबा बड़ा रहमत की शान है
वीरानियाँ भी करता है गुलज़ार तू ही तू

दुनिया कमाले-फ़न की ये ज़िंदा मिसाल है
फ़नकारी-हर सू कर रहा फ़नकार तू ही तू

क़दमों को तेरे चूमती है सारी कहकशाँ
तय करता चॉद तारों की रफ़्तार तू ही तू

तू ज़िन्दगी और मौत का करता है फ़ैसला
देता है नींद करता है बेदार तू ही तू

बरसाता आसमान से है तू ही चाँदनी
तारीफ़ का कोई नहीं हक़दार तू ही तू

जल्वा-ए-अनवार=प्रकाश का प्रकटीकरण। चश्मे-दीद=देखने वाली आँख

सितारों से गुज़रता जा रहा है जिस्मों-जां मेरा
मिलेगा रौशनी के शहर में कब मेहरबां मेरा

गरजता है, बरसता है, नयी बातें सुनाता है
ये बादल हो गया है जाने कैसे राज़दाँ मेरा

हवा पैग़ाम लायी है कोई बादे-बहारी का
महक उट्ठा है भीनी ख़ुशबुओं से गुलसिताँ मेरा

इमारत पर इमारत बन रही है दिल की बस्ती में
नज़र आता नहीं आँखों को हस्ती का मकाँ मेरा

खिलौने काँच के थे हम जिन्हें हीरे समझ बैठे
करम है जौहरी ने तोड़ डाला है गुमाँ मेरा

वहीं पर रख रहे हैं घोंसले नादां परिन्दे फिर
जहाँ पर हो चुका था ख़ाक जलकर आशियाँ मेरा

बदन मेरा सफ़र की धूप में जलने लगा अब तो
सुकूँ का कोई बादल भेज दे अब आसमाँ मेरा

इक मकाँ धूप से बचने बनाना पड़ता है
ज़िन्दगी के लिए सब-कुछ जुटाना पड़ता है

जिसकी बुनियाद मोहब्बत नहीं है मजबूरी
ऐसे रिश्तों को भी हमको निभाना पड़ता है

क्या ख़बर है तुझे तेरी सलामती के लिए
तेरे मन्दिर में भी ताला लगाना पड़ता है

पूछो मर्ज़ी तो वहाँ उम्र भर न जायें हम
हमको जिस आग के दरिया में जाना पड़ता है

हमको जीने की तो तालीम कोई आती नहीं
उस पे इस नस्ल को मरना सिखाना पड़ता है

ज़रा मकान से बाहर टहलने आ जाओ
फ़ज़ा उदास है, इसको बदलने आ जाओ

तुम्हारी राह में हमने बिछा दिये हैं गुलाब
अब इनपे फूल से पाँवों को रखने आ जाओ

तड़प रहा है दिल दीदार की इनायत हो
हसीन शाम है छत पे टहलने आ जाओ

पहाड़ बर्फ़ के अब इन्तिज़ार करते हैं
हमारे साथ अब इन पर फिसलने आ जाओ

कहार डोली लिये घर के सामने आये
मेरे नसीब का लिक्खा बदलने आ जाओ

ये नाशगुफ़्ता कली दिल की फिर महक उठे
मेरे वजूद के बादल बरसने आ जाओ

नाशगुफ़्ता = बिना खिली

चमन में जो घड़ी भर को मेरा हमदम ठहर जाये
मेरे घर भी बहारों का हसीं मौसम ठहर जाये

मेरी नींदें भी वापस लौट आयें मेरे काँधे पर
अगर कुछ देर तेरी ज़ुल्फ़ का रेशम ठहर जाये

अगर ये ज़ख़्म दुखते हैं तो ये फ़रयाद उठती है
मेरे ज़ख़्मों पे तेरे फ़ैज़ का मरहम ठहर जाये

मरीज़े-इश्क़ सोचे क्या वो जो महफ़िल में आये हैं
घड़ी भर काश जानेवाला मेरा दम ठहर जाये

मेरी उम्मीद की इस लाश में फिर जान आ जाये
तेरे चेहरे पे गर ढलती हुई शबनम ठहर जाये

बस दुरूदो-सलाम पढ़ता रहूँ
मैं मोहम्मद का नाम पढ़ता रहूँ

इल्म सीना-ब-सीना मिलता है
क्यों किताबें तमाम पढ़ता रहूँ

संगे-असबद को चूम पाऊँ मैं
पाक तेरा कलाम पढ़ता रहूँ

तौहफ़े अनमोल यूँ ही मिलते हैं
क्या ज़रूरत है दाम पढ़ता रहूँ

है जो तहरीर आस्मानों में
या ख़ुदा सुब्हो-शाम पढ़ता रहूँ

दुरूहो-सलाम=हजरत मुहम्मद के लिए नमस्कार, मंगलभाव
संगे-अस्वद=काबा में लगा पत्थर

पालना ख़ुद बवाल ठीक नहीं
मत ख़रीदो जो माल ठीक नहीं

कैसे आये सुकून दुनिया में
आदमी का ख़याल ठीक नहीं

चूम लो सुब्ह के क़दम बढ़कर
शब का करना मलाल ठीक नहीं

जिससे ग़ैरत पे चोट लगती हो
करना ऐसा सवाल ठीक नहीं

ये परिन्दे हैं होशियार बहुत
इन पे फैलाना जाल ठीक नहीं

काम जो आ सके न लोगों के
ऐसे फ़न में कमाल ठीक नहीं

शब=रात्रि

हमें ये उम्मीद थी कि इक दिन वो, बिगड़ी क़िस्मत सँवार देंगे
किसे ख़बर थी वो दिल की कश्ती को आँसुओं में उतार देंगे
अभी तो उनकी नज़र के शोले, चमन को दिल के जला रहे हैं
मेरी मोहब्बत वे वो ख़ुदा कब सुकूँ की ठण्डी बहार देंगे
न ज़ख़्म देखा न रोग समझे न-दर्दे-दिल को ही मेरा समझे
इलाजे-ज़ख़्मे-जिगर के बदले वो ज़ख़्म दिल के उभार देंगे
जनाज़े में हैं कफ़न में लिपटे, मगर उमीदों की राह तकते
कि मर के भी लौट आयेंगे हम सदा जो वो एक बार देंगे
गये थे हम बेबस आशिक़ी में पता नहीं था कि उस गली में
मसीहा ही मेरी ज़िन्दगी के बुला के जीते जीते मार देंगे
सितम से अब बाज़ आ भी जाओ कहीं न मिट जाये मेरी हस्ती
मैं मिट गया तो ज़मानेवाले तुम्हें भी ताने हज़ार देंगे
मुझे तसल्ली तो देते जाओ ऐ जानेवाले ये कहते जाओ
मिलेंगे जल्दी पहुँचते ही हम या कोई चिट्ठी या तार देंगे
मुझे मिटाकर न कुछ मिलेगा सुकूँ तभी आपको मिलेगा
जो आप बाहों में भर के मेरे तड़पते दिल को क़रार देंगे
तेरी ही बाहों में निकले ये दम यही तमन्ना है मेरे हमदम
तेरी मुहब्बत में जान जाये तो जान भी तुझपे वार देंगे
मैं डूब जाऊँ मगर दुआ है ऐ मेरी कश्ती डुबोनेवाले
नदी में उठते हुए ये तूफ़ाँ तुझे किनारे उतार देंगे

वफ़ा की राह में फूलों का सिलसिला कम है
इसी से मेरे मुसाफ़िर का वास्ता कम है

तमाम उम्र चले हम मगर पहुँच न सके
सुकूँ के शहर का हालाँकि फ़ासला कम है

वो जिसके दर्द से इक आदमी उबर पाये
हमारे साथ में होता वो हादसा कम है

ग़ज़ल में मेरा सरापा दिखायी देता है
कि देखने के लिए मुझको आईना कम है

कहाँ से धूप कहाँ से हवा क़दम रखे
बड़ा मकान है लेकिन बरामदा कम है

तेरा करम ही अब फ़ानूस बनके आ जाये
चिराग़े-दिल का हवाओं से फ़ासला कम है

तेरा जो भी है फ़ासला मुझसे
दूर कर दे मेरे ख़ुदा मुझसे

इक क़लन्दर की बेख़ुदी हूँ मैं
होश का क्या मुक़ाबला मुझसे

तश्नगी से क़दम नहीं उठते
दूर कितना है मयकदा मुझसे

तेरी बेइन्तिहां मुहब्बत को
जिसने देखा वो जल गया मुझसे

मेरे लश्कर को राह देता नहीं
चाहता क्या है कर्बला मुझसे

मैं भी इक दिन का शम्स हूँ जिसकी
इब्तिदा मुझसे इन्तिहा मुझसे

हसीं कितना हमारा हमसफ़र है
गुलों से सज गयी हर रह गुज़र है

मकाँ शीशे का बारिश पत्थरों की
बड़े ख़तरे में अरमानों का घर है

अभी मरहम लगाना छोड़िये मत
हरा अब भी मेरा ज़ख़्मे-जिगर है

अचानक आ गया सैलाब ग़म का
नदी में डूबता दिल का नगर है

चले ठंडी हवा तो चैन आये
उगलती आग-सी ये दोपहर है

परिन्दा तो नज़र आता नहीं है
फ़ज़ा में उड़ रहा इक टूटा पर है

मुझको मेरे ख़ुदा तू क्या दिन दिखा रहा है
वो मेरे ख़त पे रखकर, नमकीन खा रहा है

ऐ काश! मेरी छत से वो इक नज़र तो डाले
दीवाना घंटे भर से दाढ़ी बना रहा है

जबसे पता चला है, महफ़िल में आयेंगे वो
हर शख़्स आईने में ख़ुद को सजा रहा है

वो गोरा-गोरा मुखड़ा शोला बदन का जादू
साँसों के जंगलों में शोले जगा रहा है

या रब मोहल्ले भर में ये राज़ खुल न जाये
कोई मेरी गली के चक्कर लगा रहा है

इन तंग सीढ़ियों का अब फ़ायदा ही क्या है
रेलिंग से सटके कोई दामन बचा रहा है

उफ़! क्या अदा है उसके छुप-छुप के देखने की
अख़बार में वो अपना चेहरा छुपा रहा है

पहन के ओढ़नी दुल्हन सजेगी सब्ज़े की
बहार कहती है डोली उठेगी सब्ज़े की

ज़मीं के चेहरे पे लाखों निशाँ हैं ज़ख्मों के
मगर उमीद है मरहम लगेगी सब्ज़े की

अभी तो आबला-पा हम हैं रेगज़ारों में
कभी तो झूमती वादी मिलेगी सब्ज़े की

लहू से सींचा है हमने उजड़ते गुलशन को
कभी ख़िजाँ नहीं हमको छलेगी सब्ज़े की

इधर तो शहर में कालोनियाँ बनेंगी उधर
अँधेरी रात में बस्ती जलेगी सब्ज़े की

ये ख़ारज़ार अबस इन्तज़ार करता है
सवारी आके कभी तो रुकेगी सब्ज़े की

सब्ज़ा=हरियाली
आबला-दा=जिसके पॉवो में छाले हों
अबस=व्यर्थ
ख़ारज़ार=काँटों भरा प्रदेश

डोली के साथ गूँजती शहनाइयाँ चलें
कुछ पल तो मेरे साथ ये तन्हाइयाँ चलें

अल्लाह जिसको नूर के पैकर में ढाल दे
हमराह उसके किस तरह परछाइयाँ चलें

खेतों में तेरी याद की लहराये फ़स्ले-गुल
जब भी हमारे शहर में पुरवाइयाँ चलें

जो डूबने को राज़ी हों दरिया-ए-इश्क़ में
वो देखने को इश्क़ की गहराइयाँ चलें

मस्ती छुपाये छुपती नहीं हमसे इश्क़ की
शायद हमारी शहर में रुसवाइयाँ चलें

मंज़िले-इश्क़ पे कोई न सवारी पहुँचे
किस तरह तेरी मुहब्बत का पुजारी पहुँचे

साज़ो-नग़्मात से मुँह फेर चुका हूँ कब का
कान में पहुँचे तो आवाज़ तुम्हारी पहुँचे

हम क़फ़सवालों की जानिब सलाम उसको कहें
सहने-गुलशन में अगर बादे-बहारी पहुँचे

ये करिश्मा है इसे शाने-ख़ुदा कहते हैं
तख़्ते-शाही पे अगर कोई भिखारी पहुँचे

अजनबी, याद तेरी दिल को भली लगती है
तू जहाँ जाये वहाँ प्रीत हमारी पहुँचे

इश्क़ की बाज़ी तो बस हाथ उसी के आये
दाँव पर ख़ुद को लगाने जो जुआरी पहुँचे

इन भटकती हुई रूहों में जान आ जाये
रौशनी बन के जो आवाज़ तुम्हारी पहुँचे

हर्ज क्या है जनाब पीने दें
हमको थोड़ी शराब पीने दें

उठ रही है नक़ाब पीने दे
जश्न है लाजबाब पीने दें

सज गये मस्त जाम आँखों के
हुस्न है बेनक़ाब पीने दें

गुज़रा मौसम भी इम्तिहानों का
छोड़कर अब किताब पीने दें

जाम होंठों से तक लगाया नहीं
छुप गया आफ़ताब पीने दें

जिनको जन्नत की जल्दी है जायें
हमको आली जनाब पीने दें

ये दवा है शराब हर ग़म की
दर्द है बेहिसाब पीने दें

उनकी महफ़िल में पीके झूमेंगे
सच हुआ है ये ख़्वाब पीने दें

कल का कल होगा सब हिसाबो-किताब
आज तो बेहिसाब पीने दे

मैकदा सज गया है वहदत का
साक़ी है लाजबाब पीने दें

राह में हूँ कि अपने घर में हूँ
अपनी ही ज़ात के सफ़र में हूँ

नूर ही नूर आ रहा है नज़र
रौशनी के अजब नगर में हूँ

होश तो अपना गुम हुआ शायद
अपने दिलबर की रहगुज़र में हूँ

कुछ नहीं जलवा रब का है हर सू
आज मैं अपनी ही नज़र में हूँ

मैं समंदर था मैं समंदर हूँ
मौज में हूँ कि मैं लहर में हूँ

मेरी जाँ तू मेरे जिगर में है
मेरी जाँ मैं तेरे जिगर हूँ

मैं ही हूँ कायनात में फैला
मैं ही सिमटा भी अपने सर में हूँ

तू है हक़ और कलामे-हक़ है ये
मैं तेरे इश्क़ के असर में हूँ

दोस्ती की हसीं मीनार गिरी है कोई
बामोदर हिल उठे दीवार गिरी है कोई

ऐसा एहसास हुआ खोल के उसके ख़त को
जेठ की धूप में बौछार गिरी है कोई

दौरे-जम्हूर ने जिस वक़्त भी पलटा खाया
इन्क़िलाब आया है सरकार गिरी है कोई

मेरा हर दोस्त लपकता है बचाकर नज़रें
रहगुज़र में कहीं दीनार गिरी है कोई

तोड़कर रात के सन्नाटे में पुल क़ी रेलिंग
खाईं में जलती हुई कार गिरी है कोई

खा गया है किसी कश्ती को समन्दर का ग़ुरूर
टूट के धार में पतवार गिरी है कोई

दिल की बस्ती में हवेली कोई महफ़ूज़ नहीं
चोर घुसने लगे दीवार गिरी है कोई

फौज़े-दुश्मन में नज़र आया है किसका चेहरा
हाथ से छूट के तलवार गिरी है कोई

अब जहाजों से किनारे भी नज़र आते नहीं
रौशनी की कहीं मीनार गिरी है कोई

बामोदर=छत और दरवाजा

लूटे वतन को हरसू हमलावरों का मौसम
सामाने-मौत लाया सौदागरों का मौसम

जिसमें महक रहे थे बेला गुलाब जूही
शोले उगल रहा है वो चेहरों का मौसम

ये कायनात सारी अब मर्सिया पढ़ेगी
दुनिया से जा रहा है कारीगरों का मौसम

ऊँची इमारतों के चमकीले पत्थरों में
दफ़ना दिया गया है कच्चे घरों का मौसम

ख़ानाबदोश सारे मस्ती में नाचते हैं
ख़ैमों में दफ़ बजाता है कंजरों का मौसम

नक़्शो-निगार सारे हैं ज़ेबे-ताक़े-निस्याँ
इक नक्शे-बेनिशाँ है इन मक़बरों का मौसम

सैयाद आस्माँ को तीरों से भर रहा है
सूरज पे छा रहा है टूटे परों का मौसम

नक्शे-बेनिशाँ = मिटने बालों की चिह्न
ज़ेबे-ताक़े-निस्याँ = यादों के तेहखाना में

सितारों के नगर में इश्क़ की परवाज़ ले जाये
तेरे गलियों में मुझको फिर तेरी आवाज़ ले जाये

तेरी पाजेब की झन्कार को सुनने की बारी है
कोई साज़िन्दे से कह दे वो अपना साज़ ले जाये

ख़जानों का पता तेरी हसीं आँखों में लिक्खा है
निगाहों की ज़ुबाँ पढ़कर कोई ये राज़ ले जाये

ख़ुदारा! ऐसा मुजरिम क़ैद करना कितना मुश्किल है
चुराकर दिल को जिसका हर हँसीं अन्दाज़ ले जाये

दुआ है आसमानों में करिश्मा आज तेरा हो
पकड़कर एक चिड़िया को चमन से बाज़ ले जाये

किया है इश्क़ तो फिर इश्क़ की रस्में निभायेंगे
मैं जाऊँगा जहाँ तक वो निगाहे-नाज़ ले जाये

न कुछ करना न हमको सोचना है
हमें तो बस तमाशा देखना है

मुसाफ़िर कोई हो दिल की सड़क पर
बुलाना है न हमको टोकना है

करे दिल आज चाहे जो शरारत
न देना हौसला ना टोकना है

हमें पीकर भी रहना होश में है
सँभलकर होश उड़ते देखना है

तली में बैठती है ख़ुद ही मिट्टी
नदी को सिर्फ़ बहते देखना है

सभी का देखता है जो तमाशा
हमें उसको पलटकर देखना है

तमाशाई तमाशाबीन भी है
ये दिल के आईने में देखना है

नववर्ष रोशनी की इमारत हो आपको
हासिल सुकुनो-चैन की दौलत हो आपको

जब आप नयी रहगुज़र से जाइए हुज़ूर
फूलों की हर क़दम पे इनायत हो आपको

ये ख़ुशुबुओं के साये ये रंगीनियों के दौर
हर पल मोहब्बतों की इबादत हो आपको

ता-उम्र ज़िन्दगी का मुबारक़ सफ़र रहे
हासिल हरेक फ़न में महारत हो आपको

ये गेसुओं की छाँव घनेरी है मुन्तज़र
आ जाइये कभी जो तमाज़त हो आपको

रोते हुए भी आपको देखे तो हँस पड़े
यू हँसते-हँसते जीने की आदत हो आपको

बीमारियाँ सदा ही रहें दूर आपसे
पल-भर ज़रा-सी भी न हरारत हो आपको

जब गर्दिशों के दौर कभी आके घेर लें
हासिल तजल्लियों की हिफ़ाज़त हो आपको

फ़लक के तारे गिराने से कुछ नहीं होता
क़फ़स हमारा जलाने से कुछ नहीं होता

बदन को छोड़ के जाने से कुछ नहीं होता
बदन का बोझ उठाने से कुछ नही होता

दयारे-यार में मिट जाना कामयाबी है
यहाँ पे सर को उठाने से कुछ नहीं होता

जो डूबा इश्क़ के दरिया में वो ही पार हुआ
अना की कश्ती बचाने से कुछ नहीं होता

ज़रूरी हुस्ने-अमल में ख़ुलूसे-नीयत है
नमाज़ पढ़ते दिखाने से कुछ नहीं होता

भँवर में सब्र के ग़ोता लगानेवालों को
नदी में आग लगाने से कुछ नहीं होता

जो सो रहे हैं उन्हीं को जगाना बेहतर है
कि जागतों को जगाने से कुछ नहीं होता है

निगाहे-होश रुबा है निजाते-अक्ल मेरी
हमारा होश उड़ाने से कुछ नहीं होता

निगाहे-होश-रुबा=होश उठा लेने वाली नज़र
निजाते-अक्ल=बुद्धि से मुक्ति

सावन के मौसम में जब तेरी याद आये
इक पल हँसा जाये इक पल रुला जाये

कलियाँ गुलाबों की चटकी फुहारों में
जैसे कि हमदम तू छूने से शरमाये

चन्दा की डोली में जब वो परी उतरे
ख़ुशबू गुलाबों की दिल में समा जाये

बारिश की बूँदें ये क्या गुनगुनाती हैं
क़ाग़ज की कश्ती में दरया भरा जाये

उड़कर समन्दर से किस घर में बरसेंगे
फिर मेरी आँखों में बादल घने छाये

गोरे बदन पे वो बूँदें फिसलती है
इक आग-सी मेरे तन में लगा जाये

अंजाम इस दिल का बर्बादि-ए-दिल है
उल्फ़त के मारों को ये कौन समझाये

प्यारी गुड़िया तू पापा की धड़कन रहे
तेरा हँसना बहारों का दर्पण रहे

जब बुलाये तेरी तोतली-सी ज़ुबाँ
लौटता-लौटता मेरा बचपन रहे

तू ठुमक के चले तेरी पायल बजे
गूँजता-गूँजता मेरा आँगन रहे

कुल के आकाश की दूधिया चाँदनी
नाम कुल का तेरे दम से रौशन रहे

जा मेरी लाड़ली ले के माँ की दुआ
हमसफ़र तेरा ख़ुशियों का मधुवन रहे

हर निराशा के पतझड़ में तू आस का
इक बरसता हुआ भीगा सावन रहे

सास ममता की मूरत ससुर पितृवत
प्यार की छाँव-सा तेरा साजन रहे

तेरी डोली को काँधा लगा मैं सकूँ
उस घड़ी तक तो साँसों में कम्पन रहे

उसके आँगन की तुलसी महकती रहे
जिसके आँगन की तू बनके दुल्हन रहे

जब भी ख़ुद को अकेला पायेगी
वो मेरे गीत गुनगुनायेगी

वो ख़फ़ा है तो फोन की घण्टी
रात-भर यूँ ही घन-घनायेगी

पास बैठी वो मोम-सी लड़की
जैसे छूते ही पिघल ही जायेगी

वो भी तड़पेगी आज मेरे लिये
बद्दुआ मेरी रंग लायेगी

आज फिर से वो कोरे क़ाग़ज पर
बेवफ़ा लिख के छोड़ जायेगी

मेरे कमरे में बिखरी चीज़ों को
वो क़रीने से रख के जायेगी

होगा कॉलेज बन्द गर्मी में
दिल में फिर लू-सी सन सनायेगी

हुस्न के बाज़ार से ये कौन गुज़रा
आँसुओं की धार से ये कौन गुज़रा

गर्म साँसों का सफ़र थम-सा गया है
बिस्तरे-बीमार से ये कौन गुज़रा

लोग साहिल पर खड़े थर्रा रहे हैं
तैरता मँजधार से ये कौन गुज़रा

रात इक महराब बनकर रह गयी है
नूर की मीनार से ये कौन गुज़रा

प्यार है नफ़रत या कोई बेबसी है
फिर निगाहे-यार से ये कौन गुज़रा

जिस्मो जाँ में हो रही है एक सिहरन
छू के इतने प्यार से ये कौन गुज़रा

देखो शहरे-यार से ये कौन गुज़रा
नूर की बौछार से ये कौन गुज़रा

रोज़ा-ए-सरकार से ये कौन गुज़रा
साया-ए-मीनार से ये कौन गुज़रा

एहतियातन सब परिन्दे उड़ गये हैं
साया-ए-अश्जार से ये कौन गुज़रा

एक बिजली-सी चमक के रह गयी है
बर्क़ की रफ़्तार से ये कौन गुज़रा

सातवें आकाश तक मैराज करता
रौशनी के द्वार से ये कौन गुज़रा

जिसको हर पत्थर सलामी दे रहा है
दामने-कुहसार से ये कौन गुज़रा

साया-ए-अश्जार : पेड़ों की छाँव
दामने-कुहसार : पहाड़ी की आँचल

सारी दुनिया को जगमगायेंगे
हम दिये प्यार के जलायेंगे

सूखे पतझड़ में खेत ख़ुशियों के
अब की बारिश में लहलहायेंगे

वो शिनावर थे जो समन्दर के
तेरी आँखों में डूब जायेंगे

मुझसे नज़रें न फेर ऐ क़ातिल
तीर दिल में उतर न पायेंगे

तू मोहब्बत का इक शिवाला है
गुल मुहब्बत के हम चढ़ायेंगे

याद आयेंगी मेरी नम आँखें
आप मुझको भुला न पायेंगे

शिनावर=तैराक

भीड़ के सैलाब बढ़ते जा रहे हैं
खेत शहरों में बदलते जा रहे है

बारिशों में दिल की इस टूटी सड़क पर
नन्हें-नन्हें द्वीप बनते जा रहे हैं

आसमाँ पर देखकर काली घटाएँ
मोर जंगल में थिरकते जा रहे हैं

नर बलि किसकी चढ़ेगी, दो क़बीले
जंगलों में शोर करते जा रहे हैं

दिल अँधेरी राह में घबरा रहा था
शुक्र है जुगनूँ चमकते जा रहे हैं

ये महल है रुह का कैसा तिलस्मी
ख़ुद-ब-ख़ुद दरवाज़े खुलते जा रहे हैं

इश्क़ में तेरे फ़ना हो जायें
हम भी रहमत की घटा हो जायें

धीमी ख़ुशबू में तेरी घुल-घुल कर
हम भी गुलशन की हवा हो जायें

सारी दुनिया से रहें वाबस्ता
और दुनिया से ज़ुदा हो जायें

हममें तासीर तेरी आ जाये
हम मुहब्बत की सदा हो जायें

ऐ मसीहा ज़रा तू छू ले मुझे
हम ज़माने की दवा हो जायें

है ग़ज़ब बन्दानवाज़ी तेरी
हम भी बंदे से ख़ुदा हो जायें

तेरी मर्ज़ी, हो हमारी मर्ज़ी
हम भी बस तेरी रज़ा हो जायें

बन्दगी का हो करिश्मा तेरी
हम भी बन्दे से ख़ुदा हो जाये

समय के तेज़ धारे ले चले हैं
हमें तूफ़ाँ किनारे ले चले हैं

हवा के रथ पे सामाने-सफ़र क्या
गुलिस्ताँ में शरारे ले चले हैं

डगर अनजान है वो ज़िन्दगी की
जहाँ रंगीं नज़ारे ले चले हैं

उन्हें रोको वो महफ़िल से उठाकर
मेरी आँखों के तारे ले चले हैं

वहाँ अल्लाह ही अल्लाह होगा
जहाँ क़ुरआँ के पारे ले चले हैं

शरारा=चिंगारी

अजब ये चाँदनी-सी हो रही है
लहू में रोशनी-सी हो रही है

गुफ़ा है रूह है आतिशकदा है
कहाँ ये रागिनी-सी हो रही है

घटा-सा झूमता आकाश हूँ मैं
ये धरती मोरनी-सी हो रही है

कोई तन्वीर मेरे जानोतन में
थिरकती भीलनी-सी हो रही है

कँवल खिलने लगे दिल की नदी में
लहर हर फागुनी-सी हो रही है

अँधेरे दिल में बारिश रोशनी की
अचानक फिर घनी-सी हो रही है

खुला आकाश है बाँहें पसारे
मेरी जां हँसनी-सी हो रही है

दिलकश है हर नज़ारा मेरे वतन का यारो
भारत है नाम प्यारा मेरे वतन का यारो

देता है ज्ञान मन्दिर, धोती है मन को मस्जिद
रक्षक है गुरुद्वारा मेरे वतन का यारो

मिल-जुल के सबका रहना पहचान बन गया है
ऐसा है भाईचारा मेरे वतन का यारो

कितने यहाँ हैं मज़हब कितनी यहाँ ज़बां हैं
सबने अदब सँवारा मेरे वतन का यारो

हिन्दू हो या मुसलमां, मैदाने-जंग में वो
साबित हुआ सहारा मेरे वतन का यारो

सरताज है हिमालय गंगा की पहले माला
मंज़र है प्यारा-प्यारा मेरे वतन का यारो

हर दिल की धड़कनों में सदियों से ये दुआ है
रोशन रहे सितारा मेरे वतन का यारो

हम को बेहोशी में लाता कौन है
हर ग़लत रस्ता दिखाता कौन है

इनके ढह जाने का डर है हर घड़ी,
.ख्वाब के महलों में आता कौन है

किस अदा से चल रही हैं देखिये
इन हवाओं को चलाता कौन है

हर तरफ़ है रात का फैला धुआँ
भीगे पत्तों को जलाता कौन है

अपने हाथों से जलाया अपना घर
अब खड़ा आँसू बहाता कौन है

नाव तूफ़ाँ के हवाले छोड़कर
नाख़ुदा को आज़माता कौन है

कैसे पैदा दिल में होते हैं ख़याल
इन ख़यालों को उठाता कौन है

आ गयी रस्मे-मुहब्बत आ गयी
दिल के रिश्तों को निभाता कौन है

तन्दुरुस्ती अपनी, अपना मालोज़र
वक़्त के हाथों लुटाता कौन है

मालोज़र=धन-दौलत

सिर्फ़ इक रात का मेहमान बना ले मुझको
जान अपनी तू मेरी जान बना ले मुझको

दिल के मन्दिर की तू देवी है, मैं पत्थर का दिया
अपने मन्दिर की तू पहचान बना ले मुझको

ग़म ने गन्धार में मददम में मुझे तोड़ दिया
छू के मल्हार की तू तान बना ले मुझको

जिसको हरदम तेरी पलकों ने छुपा रखा है
अपनी आँखों का वो अरमान बना ले मुझको

हिज्र की रात का कटना है अगरचे मुश्किल
सुब्हे–उम्मीद का इम्कान बना ले मुझको

भीनी ख़ुशबू से महक उट्ठे तेरे घर की फ़िज़ा
सुर्ख़ फूलों का वो गुलदान बना ले मुझको

एक कोने में मुझे घर के पड़ा रहने दे
घर का टूटा हुआ सामान बना ले मुझको

इम्कान=सम्भावना

मेरी धड़कन का पैग़ाम ले
मेरे साजन मुझे थाम ले

मैं भी महफ़िल में हूँ साक़िया
पास आ! पास आ! जाम ले

है क़सम तुझको जाने-वफ़ा
अपने आँसू ज़रा थाम ले

हिज्र में रोने धोने से क्या
सब्र से, सब्र से काम ले

जान हाज़िर है ईमान भी
दिल का जो चाहे वो दाम ले

कह रही हैं ये ख़ामोशियाँ
कृष्ण वंशी ज़रा थाम ले

उसका जब भी कोई नाम ले
पहले मेरा जिगर थाम ले

शहरे-दिल सामने लुट गया
सब्र से क्या कोई काम ले

बोल मक़तल में क्या देर है
तेग़ क़ातिल मेरे थाम ले

देख मंज़िल पे हम आ गये
दर्दे-दिल कुछ तो आराम ले

वो जो ताबूत में बन्द है
क्या दवा सुबह ले, शाम ले

कोई रस्ते में रहबर मिले
बुझती क़न्दील जो थाम ले

तू भी चल इश्क़ की राह पर
और कर ख़ुद को बदनाम ले

तेग़=तलवार, क़न्दील=मशाल

रूह में जुगनूँ बिखरते जा रहे हैं
रौशनी के पंख खुलते जा रहे हैं

बहते-बहते फूल मेरी हसरतों के
नूर के दरिया में घुलते जा रहे हैं

ख़ास रिश्ता था हवेली से बदन की
जिससे हम बाहर निकलते जा रहे हैं

हमको साहिल का, भँवर का क्या पता,
वक़्त के दरिया में बहते जा रहे हैं

है क़यामत का फ़ना होने का मंजर
टूट कर तारे बिखरते जा रहे हैं

छेड़ती हैं वो निगाहें प्यार से फिर
साज़े-दिल पर सुर खनकते जा रहे हैं

जहाज होश का तूफ़ाँ में संभलता ही नहीं
ये बहते नूर का सैलाब ठहरता ही नहीं

वो ख़ुशबू है मेरे आग़ोश में आता ही नहीं
नक़ाब, रू-ए-मुनव्वर से हटाता ही नहीं

नज़र नवाज़ हसीं रक़्स सितारों में हैं
अजीब रक़्स है ये रक्स ठहरता ही नहीं

नज़र ये देख सके दिल में उजालों का नगर
वो चाँद बन के अँधेरों से बरसता ही नहीं

हैं उसके हुस्न के दीवाने हज़ारों लेकिन
कबा बदन की पहन के वो निकलता ही नहीं

रू-ए-मुनव्वर=प्रकाशमान चेहरा
रक़्स=नृत्य
सफ़ीना=जहाज
नज़र नवाज़=दृष्टि को उपहार देने वाला

वो बुत बना हुआ बैठा है, नहीं कुछ सुनता
वो मोम बन के सियह शब में पिघलता ही नहीं

वो इल्म रख के भी कहता है गुनहगार मुझे
दास्ताँ वो मेरे हालात की पढ़ता ही नहीं

तमाम निक़हते-गुल मौजे-सहर लाती है
मेरे नसीब का दामन तो महकता ही नहीं

मिज़ाज कौसरो-तस्लीम का पानी कहिये
अजीब शय है किसी आग में जलता ही नहीं

निकहते-गुलः फूल की सुगन्ध
कौसरो तस्लीम : स्वर्ग के कुण्ड।

दिल को! इक सर्द लहर छूती रही
उसकी आवारा नज़र छूती रही

जानो-तन में धुआँ-सा उठता रहा
आग इक दामने-तर छूती रही

हमसफ़र नामो-निशाँ को भी न था
मुझको बस गर्दे-सफ़र-छूती रही

दरया-ए-हक़ का कोई छोर न था
बस नज़र एक सिफ़र छूती रही

हम सलामत हैं करम से उसके
नोक ख़ंजर की सिपर छूती रही

जब भी परवाज़ के मौसम आये
धार ख़ंजर की ये पर छूती रही

दरया-ए-हक़=सत्य की नदी, सिफ़र=शून्य,
सिपर=ढाल

हवा में उड़ते पत्थर तोड़ डाले
कोई तूफ़ान का सर तोड़ डाले

सभी जद्दोजहद हो ख़त्म जाये
सफ़ीना गर समन्दर तोड़ डाले

उभरकर नूर का पुरनूर हाला
तिलस्म आलूदा मंज़र तोड़ डाले

उठा फेंको नहीं तो दिल तुम्हारा
दुखों का भारी गट्ठर तोड़ डाले

हवेली पर तो तूफ़ाँ बेअसर है
ग़रीबों के न छप्पर तोड़ डाले

तथागत फिर न ये पागल शिकारी
पकड़ कर हंस के पर तोड़ डाले

दुआ करता है इक प्यासा ज़जीरा
हदें अपनी समन्दर तोड़ डाले

तिलस्म आलूदा : रहस्य से भरे

जहाजे-दिल दुआ की चील खींचे
भँवर में हसरतों की झील खींचे

ज़मीं पर चीख के रह जाता हूँ मैं
बदन से ग़ोश्त जब भी चील खींचे

चले जाते हैं ग़म के जंगलों में
नुकीले तीर काले भील खींचे

सभी को मैं सलीबों से उतारूँ
मेरे हाथों से कोई कील खींचे

लकीरें रौशनी ही रौशनी की
निगाहे-यार की कन्दील खींचे

पकड़कर किसने साँसों की लगामें
बदन के रथ हज़ारों मील खींचे

जहाँ पाताल में कैसे गिरेगा
कभी क़ुरआँ कभी इंजील खींचे

अजब यादों की फ़िल्में चल रही हैं
कोई इस कैमरे से रील खींचें

आते-आते पलट न जाये कहीं
धूप खिडकी से हट न जाये कहीं

सोने चाँदी की खींचातानी में
डोर रिश्तों की कट न जाये कहीं

मेरी तस्वीर धूल पड़ते ही
उसके ज़ेहन से हट न जाये कहीं

मेरे दुश्मन की मेरे दुश्मन से
आज आपस में पट न जाये कहीं

मेरे ख़ाली मकान में टोली
फिर से भूतों की डट न जाये कहीं

उसकी जुल्फ़ों के धुँधले रस्ते में
ये जवानी भटक न जाये कहीं

इस अदालत में चश्मदीद गवाह
आते-आते निपट न जाये कहीं

तेरी आँखों में रात डूबी है
नश्शा करके हयात डूबी है

जब भी राँझा चनाब में डूबा
हीर भी साथ-साथ डूबी है

सिर्फ़ दो रूह दो बदन ही नहीं
इश्क़ में कायनात डूबी है

उसके होंठों की हर शरारत में
इक हसीं वारदात डूबी है

सामने जाम हैं छलकते हुए
आरज़ू-ए-निशात डूबी है

मौजे-ग़म से कोई निकाले इसे
कश्ति-ए-कायनात डूबी है

रब की ही ज़ात वो समन्दर है
जिसमें हर एक ज़ात डूबी है

दहकती आग पर चलना पड़ेगा
हमें इस दौर से लड़ना पड़ेगा

परिन्दों के अगरचे पर कटे हैं
मगर ये शर्त है उड़ना पड़ेगा

लबों पर गर्दिशों के इक दुआ है
इसे हर शख़्स को पढ़ना पड़ेगा

ग़ुनाहों पर नहीं जो पानी-पानी
उन्हें फिर आग में जलना पड़ेगा

जहाँ फ़ौलाद का इक बिगड़ा बुत है
इसे फिर आग में जलना पड़ेगा

मसीहा जो भी आयेगा जहाँ में
सलीबों पर उसे चढ़ना पड़ेगा

हम ग़रीबों की जान मत लेना
फिर कोई इम्तिहान मत लेना

इस तरफ़ रहजनों की बस्ती है
इस तरफ़ फिर मकान मत लेना

देख सूरज है पर जला देगा
और ऊँची उड़ान मत लेना

वो हवाओं से लड़ने वाले है
उनसे लड़ने की ठान मत लेना

चाहते हो अगर शिकार तो फिर
दोस्त टूटी कमान मत लेना

कौन उनके ख़िलाफ़ बोलेगा
हमसे कोई बयान मत लेना

ज़िन्दगानी में आज़माये बग़ैर
मेरी बातों को मान मत लेना

मुझको सच बोलने की आदत है
काट मेरी ज़बान मत लेना

ये टिक-टिक घड़ियाँ तोड़ डालो
मेरे गजरे की लड़ियाँ तोड़ डालो

बदन के मक़बरों में घुट ना छोड़ो
ये महराबें ये छड़ियाँ तोड़ डालो

रिवाजों की ग़ुलामी हद को पहुचीं
ये ज़ंजीरें ये कड़ियाँ तोड़ डालो

दरे-जिन्दाँ गिरा दो अहले-जिन्दाँ
सलाख़ों की ये कड़ियाँ तोड़ डालो

किले में दिल के आ जाये न दुश्मन
कमन्दों की ये कड़ियाँ तोड़ डालो

दरे-जिन्दाँ : क़ैद ख़ाने का दरवाज़ा

पलटकर मैं हर मोड़ पर देखता हूँ
कहाँ तक हुआ है सफ़र देखता हूँ

जिधर भी उठाकर नज़र देखता हूँ
तुझे हर तरफ़ जलवागर देखता हूँ

तुम्हारे वसीले से मंज़िल मिलेगी
तुम्हारी ही गर्दे-सफ़र देखता हूँ

चली रूह फिर रौशनी के सफ़र पर
अजब जश्न मैं मौत पर देखता हूँ

फ़लक की बुलन्दी नज़र में नहीं है
मैं टूटे हुए बालो-पर देखता हूँ

अँधेरों से रिश्ता शिकस्ता हुआ क्या
मैं बन के चिराग़े-सहर देखता हूँ

बदलती हुई ज़िन्दगी की ये-शक्लें
मैं अख़बार में बेशतर देखता हूँ

शिकस्ता = टूटा

बोलना भर है दोस्तों के लिए
जान हाज़िर है दोस्तों के लिए

दौरे-साक़ी-शराब-मय.ख़ाना
जामे-कौसर है दोस्तों के लिए

दिल का हर बामोदर सजाया है
ये हसीं घर हैं दोस्तों के लिए

मेरे आगे बरसता सोना भी
सिर्फ़ पत्थर है दोस्तों के लिए

दिल मुहब्बत के देवता का मक़ाम
एक मन्दिर है दोस्तों के लिए

दोस्त देता है मशिवरा जो भी
होता बेहतर है दोस्तों के लिए

मेरी गाली सलाम कुछ भी हो
सब बराबर है दोस्तों के लिए

मेरे जीने की दुआ करते हैं
जाने क्या डर है दोस्तों के लिए

रात बारह बजे चला आये
ये खुला दर है दोस्तों के लिए

ये ग़ज़ल ही नहीं मोहब्बत का
हर्फ़े-आख़िर है दोस्तों के लिए

जामे-कौसर=स्वर्ग कुंड का प्याला

जब से घर मेरे हसीं मेहमान ठहरा है
ये ज़मीं ठहरी है ये आसमान ठहरा है

जिसने लैला को कभी मंजनू से मिलने न दिया
अब उसी ज़िद पे मेरा ख़ानदान ठहरा है

मेरी क़िस्मत की मरम्मत कभी तो होगी ही
ऐसी उम्मीद में ख़स्ता मकान ठहरा है

हाथ है मेरा मसीहा के हाथ में जबसे
मौत ठहरी है मेरी जिस्मो-जान ठहरा है

उसकी राहों में खड़े हमको ज़माना गुज़रा
आज मुश्किल से सही उसका ध्यान ठहरा है

कोई नुकसान नहीं लहलहाती फ़सलों को
मेड़ पर रात भर मेरा किसान ठहरा है

डाक बँगले में सजेगी सुहाग सेज कोई
इक परी ठहरी है इक नौजवान ठहरा है

मेरी दुनिया से अँधेरों को मिटाने वाले
आ! मेरी रूह की शम्मा को जलाने वाले

बेगुनाही का मेरी तेरे सिवा कौन गवाह
फ़ैसला मेरा अदालत में सुनाने वाले

ऐ मसीहा मेरे तुम पर ये दिलोजाँ क़ुर्बान
एक बेजान में फिर जान को लाने वाले

मेरी हर साँस हो, धड़कन हो इबादत तेरी
अब करम हो मेरी हस्ती को बनाने वाले

गुदगुदाती है तेरी याद हमेशा मुझको
हँसते-हँसते मेरी आँखों को रुलाने वाले

दश्ते-तन्हाई में कब नग़्मा सुनूँ अनहद का
नूर के शहर में साज़ों को बजाने वाले

आज हो सामने सबके वो करिश्मा तेरा
रोते चेहरों को घड़ी भर में हँसाने वाले

फैलती आग के जंगल में तुझे याद करूँ
दिल में फिर चैन का सैलाब बहाने वाले

इसके पहले कि तबाही ही तबाही फैले
हो करम नींद से रूहों को जगाने वाले

देख मयख़ाने में है भीड़ बहुत ही तेरे
अपनी आँखों से हँसीं जाम पिलाने वाले

आ क़दम चूम लूँ अश्कों से तेरे धो-धोकर
बन के ओशो नये जल्वों को दिखाने वाले

आप आये तो हर ख़ुशी आयी
लौटकर मेरी ज़िन्दगी आयी

आपकी इक नज़र से क्या उट्ठी
शहर में दिल के रौशनी आयी

हुस्ने-सादा जो आपका देखा
मुझमें जीने की सादगी आयी

आज आँगन मेरा सजाने को
चाँदनी की हसीं परी आयी

उफ़ वो छूना उफ़ान पर पूरे
मेरे जज़्बात की नदी आयी

दिल में हरदम सुनायी देती है
कैसे अन्दर ये बाँसुरी आयी

फिर समाधि के द्वार पर दुल्हन
लेने नूरानी पालकी आयी

किसने झरनों को गीत सिखलाये
इनको कैसे ये नग़मगी आयी

हम पे उनकी नवाज़िश हुई है
रहमतों की बारिश हुई है

कू-ए-जानाँ में दिल लुट गया है
क्या हसीं हम पे साज़िश हुई है

बन्दा परवर ने बन्दा बनाया
ख़त्म हर मेरी बन्दिश हुई है

मेरे मुर्शिद ने है आँख खोली
आसमानों में लर्ज़िश हुई है

एक बिजली-सी चमकी है मुझमें
उनकी आँखों की ज़ुम्बिश हुई है

आरज़ू जिसकी थी मिल गया है
पूरी अब मेरी ख़्वाहिश हुई है

ख़िज़ाँ को रँगी बहार करने कोई तो आये कोई तो आये
चमन के दामन में फूल भरने कोई तो आये कोई तो आये

तवील तन्हाई के सफ़र में भटक-भटक के मैं थक गया हूँ
दो एक क़दम ही को साथ चलने कोई तो आये कोई तो आये

मज़ारे-दिल पे मुजाविरों ने चराग़ रक्खे गुलाब रखे
बुजुर्गें-दीं को सलाम करने कोई तो आये कोई तो आये

हवा में जलता हुआ परिन्दा परों को अपने हिलाये कैसे
ज़मीं से पहले इसे लपकने कोई तो आये कोई तो आये

वजूद मेरा हवा की ज़द में लचकती शाख़ों-सा काँपता है
दरख़्त गिरता हुआ पकड़ने कोई तो आये कोई तो आये

सुकूँ की बस्ती में जिन्न अब तक हज़ार बच्चों को खा चुका है
अब इसको बोतल में बन्द करने कोई तो आये कोई तो आये

हवा के रथ पर हो साइक़ा या फ़लक की छत पर चमकती बिजली
ग़मों के जंगल को ख़ाक करने कोई तो आये कोई तो आये

मैं ये समन्दर की रेत लेकर लहर-लहर पर तो लिख रहा हूँ
फ़रिश्ता मेरी ग़ज़ल को पढ़ने कोई तो आये कोई तो आये

मुजाविर=दरगाह के सेवक

आके वो लिपटा कि ग़म ये बर्फ़-सा गलने लगा है
दर्द का ख़ामोश दरिया अश्कों में बहने लगा है

फूल रजनीगन्धा के खिड़की में कोई रख गया है
शाम की ठण्डी हवा में इत्र-सा घुलने लगा है

इक परी ने पँख ख़्वाबों के दिये आवारा दिल को
ये परिन्दा आस्माँ में सैर फिर उड़ने लगा है

हसरतों के सौ समन्दर झील-सी आँखों में लेकर
एक चेहरा रात दिन पीछा मेरा करने लगा है

जिसकी ठण्डी छाँव में ज़ारी सफ़र था ज़िन्दगी का
आज वो जंगल हसद की आग में जलने लगा है

बरसों में दरवेश की सच्ची इबादत रंग लायी
शहरे-दिल में इक सितारा रौशनी करने लगा है

रात के ख़ेमे से निकला हर सिपाही ले के ख़ंजर
छावनी में दिल की कैसा सायरन बजने लगा है

मार के दफ़ना दिया था, हमने जो अरमान वो फिर
क़ब्र से यादों की, बन कर जिन्न फिर उठने लगा है

हसद = ईर्ष्या, द्वेश

नज़्में और क़त्‌आत

आज तक आस्मान नीला है...

मालिके-कायनात ने इक दिन
नूर से जगमगाती धरती पर

इक करम की निगाह डाली थी
बस उसी पल ज़मीं की आँखों में

नूर की एक मौज उतरी थी
और मिट्टी के चाक सीने से

एक इंसाँ का दिल उभर आया
देखकर ये हसीन नज़्ज़ारा

बन्दा परवर के नीले होठों पर
मुस्कराहट की लहर फैल गयी

बस उसी रोज़ से जहाँवालो
आज तक आस्मान नीला है...
आज तक आस्मान नीला है...

गुलाबी बदन पिघल जाये

लाल सूरज गुलों की वादी को
जब भी आग़ोश में छुपाता है

झील की चाँदनी-सी आँखों में
नाच उठते हैं शाम के साये

और गुफ़ा के सफ़ेद पत्थर पर
जगमगाती है एक नागमनी

सर्द रातों की गहरी आँखों में
रौशनी दूध-सी बरसती है

दिल ये कहता है ऐसे आलम में
मेरे ख़्वाबों के इक जज़ीरे पर

इक पिघलते ग्लेशियर की तरह
तेरी साँसों की आँच में जलकर

ये गुलाबी बदन पिघल जाये
ख़ुशबुओं की तरह बिखर जाये

ख़ालीपन

मेरे अन्दर के हर समन्दर को
ग़म के शोलों ने जब जला डाला
मैंने जाना कि हर समन्दर का
ख़ालीपन भी अजीब होता है
दिल के रीते हुए समन्दर में
कोई क़तरा नहीं सिफ़र के सिवा
जाने एहसास के जहाजों को
ये सफ़र क्यूँ तवील लगता ह

तवील=लम्बा

बहार आती है

रात कल चाँदनी में पूनम की
दो बदन चाँद के सफ़र में थे

नम हवाओं की बन्द साँसों में
रातरानी का जिस्म महका था

सुर्ख़ फूलों के नर्म होठों पर
होंठ रक्खे थी दूधिया शबनम

इक हसीं लड़की मेरे सीने से
बेतहाशा लिपटती जाती थी

मेरे बालों में उँगलियाँ उसकी
रेशमी वायलिन बजाती थीं

उसके गोरे बदन के जादू से
जिस्मो-जाँ में लहू उबलता था

और मेरी रूह के पहाड़ों में
सोया तूफ़ान जाग जाता था

अब नदी के किनारे खँडहर में
सिर्फ़ सन्नाटा है वीराना है

दिन के बंजारों का हंसीं लश्कर
जा चुका है नये सफ़र के लिए
घाट के पत्थरों पे सौ लहरें
दम-ब-दम अपना सर पटकती हैं
बैठकर जिसपे हम ये गाते थे
आरज़ुओं के फूल खिलते हैं
बिछड़े प्रेमी ज़रूर मिलते हैं
है अज़ल से निज़ाम क़ुदरत का
हर वफ़ा कामयाब होती है
बाद पतझड़ के हर गुलिस्ताँ में
फिर पलट कर बहार आती है
फिर नज़र देखती है वो मंज़र
मेरे छज्जे पे तेरी परछाईं चढ़के दीवानावार आती हैं
हर कली पर बहार आती है

अज़ल=सृष्टि की उत्पति का दिन

इस शहर का मैं बेटा हूँ

बाबू! इस शहर का मैं बेटा हूँ
मुझको तारीकियों ने पाला है

इसकी काली सफेद दाढ़ी ने
रात दिन मेरी परवरिश की है

इसकी सूनी शिकस्ता गलियों ने
मुझको हर रफ्ता नया दिखाया है

इसके भजनों ने और अज़ानों ने
वेद क़ुरआँ मुझे पढ़ाया है

इसकी रातों के टूटे छज्जे पर
चाँद ने लोरियाँ सुनायी हैं

दिन में उँगली थमा के सूरज की
मुझको घुटनों के बल चलाया है

इसकी इज़्ज़त मआब उतरन ने
ये बरहना बदन छुपाया है

इसकी तहज़ीब और तमद्दुन से
मेरी धड़कन का साज़ बजता है

तमद्दुन=संस्कृति

मैं मुवर्रिख़ नहीं अदीब नहीं
मैं मुसव्विर, क़लमनवीस नहीं

मैं सुख़नवर मैं बुततराश नहीं
मैं पयम्बर नहीं मैं पीर नहीं

बाबू! इस शहर का मैं बेटा हूँ
एक दिन इसके एक कूचे में

हब्शियों ने छुरे से दौलत के
मेरी ग़ैरत के पैर काटे थे

इसके चौराहों ने मेरे आगे
पेट भरकर अफ़ीम खायी है

इसके नुक्कड़ की सब दुकानों में
इस सदी ने ज़मीर बेचा है

मौसमों में यहीं सिसकते हुए
रात की भैरवी ने दम तोड़ा

ख़ुदग़रज़ रंग से ज़माने के
इसके चेहरे के नक़्श बिगड़े हैं

इसकी दहशत परस्त आँधी में
बाग़ सब्रो-सुकूँ का उजड़ा है

मैं सवाली नहीं यतीम नहीं
मैं लुटेरा नहीं मैं चोर नहीं

मैं फ़रेबी मैं रियाकार नहीं
बाबू! इस शहर का मैं बेटा हूँ

बुततराश=मूर्तिकार मुर्वारिख़=इतिहास लेखक मुसव्विर=चित्रकार

प्यार के रंग

प्यार तो आग के पहाड़ों पर
बर्फ़बारी का एक मौसम है
इसकी आमद से दिल की वादी में
फूल सदबर्ग के महकते हैं

प्यार ज्वालामुखी है सीने में
जिसके जलते दहकते लावे में
ख़ूबसूरत हसीन ख़्वाबों के
सैकड़ों गाँव ख़ाक होते हैं

प्यार दुल्हन का लाल जोड़ा है
सेज़ पर जो सुहाग की शब में
आँसुओं में कभी पसीने में
हरसिंगारों-सा भीग जाता है

प्यार अश्कों का एक झरना है
जो जुदाई के काले पर्वत से
शोर करता हुआ निकलता है
तो महकते जहाज यादों के
इसकी मौजों में डूब जाते हैं

सदबर्ग=शतदल, गेंदे का फूल

प्यार तो क़ब्र है उदासी की
फाड़कर जो ज़मीं के सीने को
रेत में आग-सा दहकता है
और कभी आँधियों की शिद्दत से
ज़र्रे-ज़र्रे में टूट जाता है

ऐ अज़ीम फ़नकार

अज़ीम फ़नकार देख मुझको
मैं तेरे हाथों की प्रेम वीणा
सुलगते जंगल की रेत पर मैं
पड़ी थी बेजान मुद्दतों से
कि नरगिसी आँखों ने मुझको तेरी
मुहब्बतों की पनाह दी थी
कि रेशमी तेरी उँगलियों ने
सितार रूहो-बदन का छेड़ा
तो मेरे बेजान जिस्मो-जाँ में
तराने सासों के गूँज उट्ठे
... अज़ीम फ़नकार

महीन तारों में अब तो मेरे
तेरी ही धड़कन के सुर खनकते
तेरी निगाहों की रोशनी ही
वजूद में मेरे तैरती है
तेरे ही जज़्बात के ये साये
मेरे तरन्नुम में नाचते हैं
अज़ीम फ़नकार तूने मुझको
अज़ीम वीणा बना दिया है
... अज़ीम फ़नकार

मुझे पता है तू गोद से जब
उतार कर मुझको दूर रखता
तो काफी पीते ये होंठ तेरे
तेरी समन्दर निगाहें हरदम
सरोदे-दिल में तलाश करतीं
कि मुझमें तू कौन-सा राग छेड़े
जवाँ रुतों का मल्हार छेड़े
... अज़ीम फ़नकार

कभी जो साहिल पे बैठकर तू
पहाड़ी झरनों के गीत सुनता
गुलाबी फूलों से पैर तेरे
नदी की लहरों पर जब उछलते
तो उठती गिरती हुई ये लहरें
तुझे मुहब्बत से थपथपातीं
कि जैसे तू मुझको छू रहा है
... अज़ीम फ़नकार

तेरे क़दम का वो शुक्र करतीं
बहारे-रँगीं के मौसमों की
तू सैर करने को जब निकलता
जतन से काँधे पे रख के मेरी
क़दम-क़दम पे सँभाल करता
तो मेरे जहन के ये अँधेरे
सुकूँ के साये में सज सँवरते
ये कायनाते-सुकूँ महकती
... अज़ीम फ़नकार

सिसकती रूहों को बेड़ियों से
हमेशा तू जब रिहाई देता
मिटा के तन का ये क़ैदख़ाना
तू करता आज़ाद रूहोजाँ को
... अज़ीम फ़नकार

तो ये हवाएँ तराने गातीं
ये पेड़ ये पत्ते नाच उठते
तराने वीणा के मेरी हरसू
बिखर के हस्ती में फैल जाते
लबों पे राँझे के गीत बनते
कभी घटाओं के मीत बनते
... अज़ीम फ़नकार

ग़ज़ल की महफ़िल जवान करते
वजूद मेरा ये कहकशाँ के
हरिक कोने में फैल जाता
मेरे लबों पर यही दुआ है
तू साज़े दिल से मुझे रिहा कर
ये ज़िन्दगी बेपनाह कर दे
फ़क़ीर को अपने शाह करदे
... अज़ीम फ़नकार देख मुझको

चाँदनी का बदन

बन्दापरवर वो चाँदनी का बदन
अब पराया नहीं है, ग़ैर नहीं
रौशनी उसकी मेरी आँखों में
तीर-सी आर-पार फैली है
उसकी ख़ुशबू का रेशमी एहसास
मेरी साँसों के नर्म बिस्तर पर
हर घड़ी करवटें बदलता है
बन्दापरवर वो चाँदनी का बदन
अब पराया नहीं है, ग़ैर नहीं

जानो-तन में वो चाँदनी का बदन
जगमगाते हुए सितारों-सा
नीले दरया की तुन्द मौजों पर
डोलता तैरता थिरकता है
और हवाओं के शोख़ शहज़ादे
छूके उसका बदन महकते हैं
बन्दापरवर वो चाँदनी का बदन
अब पराया नहीं है, ग़ैर नहीं

सब्ज़ पत्तों में, मस्त झरनों में
गूँज उस शोख़ की समाई है
इक ख़ुमारी वजूद पर मेरे
उसकी मौजूदगी से छाई है
बन्दापरवर वो चाँदनी का बदन
अब पराया नहीं है, ग़ैर नहीं

उसके दामन में सौ उमंगों के
बहते धारे पनाह पाते हैं
इश्क़ में उसके कितने दीवाने
मर्तबा दो जहाँ में पाते हैं
बन्दापरवर वो चाँदनी का बदन
अब पराया नहीं है, ग़ैर नहीं

उसके ही हुस्न की रानाई से
जानो-दिल को सुकून आता है
सुब्ह-दम उसके ही इशारों पर
धूप सूरज बिखेर देता है
चाँद हर रात को सलामी में
मोतियों के ख़ज़ाने रखता है
बन्दापरवर वो चाँदनी का बदन
अब पराया नहीं है, ग़ैर नहीं

रूह-से-रूह का मिलन

सोचता हूँ सनम तुमको आवाज़ दूँ
डर रहा हूँ अगर हो गये तुम ख़फ़ा
तो बहारों का दामन भी छूट जायेगा
कारवाने-मर्सरत चले जायेंगे

हर तरफ़ मैं अँधेरों से घिर जाऊँगा
दिल के पन्ने को पढ़ने की तक़लीफ़ कर
क्यूँकि ख़ूने-ज़िगर की है तहरीर ये
पास आ! ऐ मसीहा ज़रा तू मेरे

ताकि जलती हुई मेरी पेशानी पर
फूल से तेरे होंठों का मरहम लगे
तेरी आँखों की इस साँवली झील में
मेरे दिल का कँवल आज खिल जाने दे

और आग़ोश में इस हसीं रात की
रूह को रूह से आज मिल जाने दे
मैं भी मैं न रहूँ, तू भी तू न रहे
दो बदन आज फिर एक हो जाने दे

ये ख़ुदी के निशाँ आज मिट जाने दे
आज दोनों को अपनी हदें तोड़कर
इश्क़ के इक समुन्दर में खो जाने दे
ये ही लैला का मजनूँ का अंजाम है

ये ही मस्तों का वलियों का ऐलान है
ऐसा सदियों में आता है मौक़ा कभी
कर रहे हैं फ़रिश्ते दुआ सब यही
देख मेरी मोहब्बत का तू है ख़ुदा

अब फ़ना मुझको अपने में हो जाने दे
इस परिन्दे की आकाश में नूर के
रोक मत आज मैराज हो जाने दे
रोक मत आज मैराज हो जाने द

मैराज = (अन्तरिक्ष भ्रमण जिसमें मुहम्मद साहब की ख़ुदा से मुलाक़ात हुई

मेरे चारागर

तुझे तो याद भी अब कुछ न होगा
ऐसी ही इक तीराशब में
आके तूने शहद अपने होंठों का
होंठों पे मेरे रख दिया था
तश्नगी से जाँ बलब साँसों को
मेरी जान दी थी
आज फिर मेरे मसीहा
शहद वो तेरे लबों का
मेरी नस-नस में उतर कर
आतिशे-जाँ बन गया है
खौलते तेज़ाब का
जाँसोज़ तूफ़ाँ बन गया है
हिज्र का ये ज़हर मुझमें
जानलेवा बन गया है
आज फिर मेरे मसीहा
छूके होंठों से इसे तू
शर्बते-अंगूर कर दे
रेगज़ारों को दुखों के
इक सुकूँ की झील कर दे

प्यार के इस जानलेवा
विष को अमृत नीर कर दे
मेरी जाँ पर मेरे हमदम
एक एहसाँ और कर दे
एक एहसाँ और कर दे

तीराशब = अँधेरी रात, तश्नगी = प्यास,
आतिशे-जाँ = प्राणों की अग्नि

इस समन्दर को कुछ नहीं होता

आस्माँ में अजब धमाका हुआ
एक जलता जहाज शोलों में
बाज़-सा आस्माँ पे लहराया
चीरता पानियों की नर्म रगें
सर्द मौजों की कोख में उतरा
तो समन्दर का ख़ूँ उबलने लगा
सूनी-सूनी ख़ला की सड़कों पर
कोहरा चार सू बिखरने लगा
मौज-दर-मौज हूक-सी उठती
दूर सहमे हुए जज़ीरों का
सूखे पत्तों का जिस्म थर्राया
ऐसी आवाज़ आयी बुझती हों
जैसे जलती सलाखें पानी में
फिर समन्दर के नीले चेहरे पर
डूबे जंगी जहाज का मलवा
बन के नासूर सा उभर आया
थम गया चंद पल में हर तूफ़ाँ
हर तरफ़ इक सुकूत तारी हुआ
लबकुशा मौज लबकुशा माँझी

यक-ब-यक तोड़कर ये सन्नाटा
चन्द मछुआरे गीत गाने लगे
इस समन्दर को कुछ नहीं होता
आदमी ग़म में टूट जाता है
दोस्त जन्मों का छूट जाता है
भाई-भाई से रूठ जाता है
गाँव-घर-देश छूट जाता है
आदमी ज़ब्त का समुन्दर है
इस समुन्दर को कुछ नहीं होता
बीती बातों से चोट लगती है
ज़िंदगी में जो टूट जाते हैं
ऐसे नातों से चोट लगती है
दिल मगर ज़ब्त का समुन्दर है
इस समुन्दर को कुछ नहीं होता
दिल मे लहरें हज़ार उठती हैं
दिल में लहरें हज़ार गिरती हैं
जिस्म बनते हैं ख़ाक होते हैं
ख़्वाब बनते हैं ख़ाक होते है
रूह तो नूर का समुन्दर है
इस समुंदर को कुछ नहीं होता
इस समुंदर को कुछ नहीं होता

लबकुशा : होंठ सिले हुए
ज़ब्त = सहनशीलता सुकूत=मौन, शान्ति

तू भी मसरूफ़ होगी

तू भी मसरूफ़ होगी दफ़्तर में
काम के बोझ से दबी होगी
और दिनभर पलटते फ़ाइल को
उगलियाँ नर्म थक गयीं होंगी
फूल-सा चेहरा पसीने में
धुल के आईना बन गया होगा
तेरी आवाज़ की शिकस्ता लहर
फोन पर फिर बिखर गयी होंगी
डायरी केस की पलटते हुए
तेरी आँखों के नीले दरिया में
लाल सूरज उतर गया होगा
गैलरी के दराज़ ज़ीनों पे
पिण्डलियाँ गोरी भर गयी होंगी
दर्द के सौ बरक़ तेरे दिल के
जंगलों में बिखर गये होंगे
इसके पहले सितारे ढल जायें
रौशनी के ये पंख जल जायें
रेस्तराँ के हसीन कोने में
इस हरे लान के बिछौने में
आज काफ़ी के गर्म प्याले में

तेरी सारी थकन उतर जाये
मुझको दे दे तू अपने हर ग़म को
बोझ दिल का तेरे उतर जये
आईने में मेरी मोहब्बत के
जुल्फ़े-बरहम तेरी सँवर जाये
तू भी काँधे पे मेरे सर रख दे
अपनी बाहों में तुझको मैं भर लूँ
मेरी हमराज़ तुझको मेरी कसम
तेरे दामन में हर ख़ुशी भर दूँ
आ के बाहों के शामियाने में
बर्फ़ ग़म की तेरे पिघल जाये
तेरे दिल की अँधेरी बस्ती में
हसरतों के चिराग़ जल उट्ठे
डान्स के इस फ्लोर पर हरसू
देखकर जिस्मों को थिरकते हुये
आर्केस्टा की धीमी लहरों पर
मेरी बाँहों में तू थिरक उट्ठे
तेरी पाजेब फिर खनक उट्ठे
इक नई ज़िन्दगी की आशा से
तेरी हर साँस फिर महक उट्ठे

जुल्फ़े-बरहम=बिखरे हुए बाल

क़त्आत

वो रूठा है तो उसको मनाऊँ कैसे
ख़्वाहिश मैं उसे दिल की बताऊँ कैसे
वो जान भी दे देगा मेरे कहने पर
साइल की तरह हाथ बढ़ाऊँ कैसे

हर सितम में तेरी चाहत का नज़ारा देखा
जलता-बुझता हुआ क़िस्मत का सितारा देखा
हमने क़दमों को फिसलने की इजाज़त दे दी
तेरी बाहों का जो रंगीन सहारा देखा

रात के सीने में तूफ़ान मचल जाता है
मेरे एहसास का हर रंग बदल जाता है
मुस्कराता है फ़लक पे जो मेरी चाहत के
वो ही तारा मेरे हाथों से फिसल जाता है

क्यूँ न जीवन को सँवारा जाये
अपनी हस्ती को निखारा जाये
आओ सज्दे में झुकाकर सर को
आज मालिक को पुकारा जाये

साइल = याचक

शाख़े-गुल टूट गयी तो क्या हो
ज़िन्दगी रूठ गयी तो क्या हो
हर घड़ी फ़िक्र लगी रहती है
नौकरी छूट गयी तो क्या हो

रोज़ मर-मर के जीना छोड़ दिया
होश आया तो पीना छोड़ दिया
दरया में ज़िन्दगी के कूद पड़े
हमने टूटा सफ़ीना छोड़ दिया

रूह में इक ख़राश रहती है
दिल को तेरी तलाश रहती है
हिज्र में तेरे ऐसे जीता हूँ
क़ब्र में जैसे लाश रहती है

सुब्ह करता तेरी ख़िदमत में शाम करता हूँ
हर घड़ी रेल मैं तुझको सलाम करता हूँ
तू सफ़र हुक्मे-इलाही पे रोज़ करती है
मैं तेरे साथ ख़ुदा का ही काम करता हूँ

रेल गाड़ी कोई बहके तो सहारा देना
पटरी से पहिया जो सरके तो सहारा देना
हम भी तैयार हैं लेकिन है ज़रूरत तेरी
आग मुश्किल की जो दहके तो सहारा देता

वतन के वास्ते हम जानो-तन क़ुर्बान कर दें
तिरंगे की जहाँ में इक निराली शान कर दें
हिमालय की बुलन्दी-सा हमारा हौसला है
समन्दर अब हमारे नाम हर तूफ़ान कर दें

करना हो बस में जो हालात तो हिन्दी बोलें
जब भी हो ख़ुशियों की बरसात तो हिन्दी बोलें
है ये भारत के समन्वय के लिए आमन्त्रण
जब किसी से हो मुलाक़ात तो हिन्दी बोलें

हमको ये ज़ेहन ये जज़्बात बदलने होंगे
जो ग़लत हैं वो हिसाबात बदलने होंगे
बैठ कर अश्क बहाने से भला क्या होगा
हमको अब मुल्क के हालात बदलने होंगे

सारी दुनिया की बेहतरी के लिए
कामगारों की हर ख़ुशी के लिए
ये दुआ है कि हम बना पायें
बंदगी अपनी नौकरी के लिए

तोड़ने फूल को काँटों को पार करना है
ग़र ज़रूरी हुआ तो आग पर भी चलना है
जंग हो शाह से या शाह के वज़ीरों से
हमको मज़दूर के हर हक़ के लिए लड़ना है

दुआ के कारवाँ की रौशनी में
सिला पाया है हमने बन्दगी में
करम हम पर हुआ अल्लाह का है
रखा है आपकी जो रहबरी में

उठो ऐ नौजवानों अब तुम्हारी आयी बारी है
मुबारक हो चुनावों की जो तुमने जीती पारी है
बड़ी उम्मीद से लोगों ने तुमको चुन के भेजा है
अब उनके दुःख मिटाने की तुम्हारी ज़िम्मेदारी है

वफ़ा की आग में सिगरेट-सा जल रहा हूँ मैं
ग़मों के साँचे में सूरत बदल रहा हूँ मैं
न मैं ज़मीं का रहा और न आस्माँ का रहा
फ़िज़ा के लब पे धुएँ-सा मचल रहा हूँ मैं

चाँद धरती के पास में आया
इक समन्दर गिलास में आया
कौन दुनिया को रौशनी देने
आदमी के लिबास में आया

प्यार होता है तो शादी ख़ुशी की मंज़िल है
वरना इक क़ैद है शादी ग़मों की मेहफ़िल है
फ़ैसला सोच के ही लेना देश में अपने
शादी आसान है लेकिन तलाक़ मुश्किल है

दो पल ठहर के साथ बिताने का शुक्रिया
सुनने का और बात सुनाने का शुक्रिया
मेहमान दिलनवाज़ निगाहे-करम लिये
मेहफ़िल में आज आपके आने का शुक्रिया

भूख से ख़ानदान टूटा है
खेत खोकर किसान टूटा है
महल में बाग़ इक लगाने को
एक कच्चा मकान टूटा है

ये मौसमे-बहार हमारे लिये नहीं
आँखों में उसका प्यार हमारे लिये नहीं
बिस्तर पे अब भी जागता है शख़्स वो मगर
अब उसका इन्तिज़ार हमारे लिये नहीं

अँधेरे दिल में मेरे तुमने रौशनी कर दी
किरन किरन मेरी क़िस्मत की तीरगी कर दी
ठहर के एक शहंशाह ने घड़ी भर को
महल, ग़रीब की मिट्टी की झोंपड़ी कर दी

फ़क़त हमदर्दी रखता है मुहब्बत क्यूँ नहीं करता
वो मुझको क़त्ल कर देने की हिम्मत क्यूँ नहीं करता
अगर मरने नहीं देता मुझे दर्दे-मुहब्बत से
तो फिर बीमार की पूरी ज़रूरत क्यूँ नहीं करता

दहकती आग पर चलना पड़ेगा
हमें इस दौर से लड़ना पड़ेगा
परिन्दों के अगरचे पर कटे हैं
मगर अब शर्त है उड़ना पड़ेगा

दिल की गहराई खाये जाती है
उफ़ ये तन्हाई खाये जाती है
वक़्त रुक-रुक के ज़हर देता है
ये मसीहाई खाये जाती है

तोड़ हर ऐतबार डाला है
दिल को कर तार-तार डाला है
दुश्मनों की तरफ़ खड़े होकर
तुमने ज़िन्दा ही मार डाला है

ये अँधेरा हुज़ूर मिट जाये
जिस्मो-जाँ का ग़ुरूर मिट जाये
तुम जो बंदानवाज़ कर दो करम
दिल का सारा फ़ितूर मिट जाये

हवाएँ सर झुकाती हैं ये पत्ते सर झुकाते हैं
यहाँ से जो गुज़रते हैं वो जत्थे सर झुकाते हैं
करिश्मा मेरी आँखों ने तुम्हारे दर पे देखा है
तुम्हारे दर पे आ आकर फ़रिश्ते सर झुकाते हैं

तुम जिस्म में घुल जाओ तुम जाँ में सँवर जाओ
तुम नूर बन के मेरे सीने में उतर जाओ
तुम आज मोहब्बत की ये रस्म अदा कर दो
ख़ुशबू की तरह मेरी हस्ती में बिखर जाओ

●●●